Maria Hermann

Gottes geliebte Töchter

Frauen in der christlichen Gemeinde

Quell Verlag

ISBN 3-7918-1903-8

© Quell Verlag, Stuttgart 1980
Printed in Germany · Alle Rechte vorbehalten
2., revidierte Ausgabe 1989
Einbandgestaltung: Heinz Simon, Quell Verlag
Einbandfoto: Ewald Stark
Satz und Druck: Quell Verlag, Stuttgart

Ich danke meinen Eltern und Geschwistern,
meinen theologischen Lehrern,
vor allem Hanns Rückert und Gerhard Ebeling,
meinen Kollegen und Freunden,
meiner Gemeinde,
den schwerkranken Kindern und ihren Angehörigen.

MARIA HERMANN

Inhalt

In der christlichen Gemeinde gehören Mann und Frau zusammen
Gleichberechtigung. – Bildung. – Frieden.

Geben und Nehmen zur rechten Zeit

Vorwort

Ich bin gerne Frau. Das verdanke ich nicht mir selbst. Ich verdanke es meinen Eltern, für die ich immer ihre geliebte Tochter war und nie »nur« ein Mädchen.

Ich bin gerne Theologin. Auch das verdanke ich nicht mir selbst. Das Pfarrersdasein unseres Vaters hat uns Kinder überzeugt. Meine theologischen Lehrer haben mir nicht nur gründliches theologisches Wissen vermittelt. Sie haben mich die Kirche lieben gelehrt.

Ich war gerne Pfarrerin. Meine Kollegen ließen mich nicht nur gelten, sie waren offen für mich und förderten mich. Meine Gemeinde machte es mir leicht. Ich lebe gern. Wie kostbar unser einmaliges Leben ist, habe ich besonders im Umgang mit Sterbenden erfahren.

Maria Hermann

Frauen – Gottes zweite Garnitur?

Plädoyer für Hiobs Frau (Hiob 2, 3-10)

Hiob im Unglück

Hiob ist nicht nur ein Name. Hiob ist ein Schicksal. Das Schicksal eines Menschen, der von der Höhe in die tiefste Tiefe hinabstürzt. Er wird vom Unglück förmlich verfolgt. Ihm wird übel mitgespielt, ohne daß er weiß, was da gespielt wird. Wie wird sich Hiob verhalten? Zwei Prognosen werden gestellt. Gott vertraut Hiob. Er sieht in ihm einen frommen, rechtschaffenen Mann. Er traut ihm zu, daß er Bewährungsproben bestehen kann. Gott sieht in Hiob einen Menschen, der sich ihm ohne Bedingungen – mit seinem ganzen Leben und unter allen Umständen anvertraut hat.

Der Satan hat ein anderes Bild von Hiob. Auch er meint den Menschen zu kennen. Er schließt von Erfahrungen, die er mit Menschen gemacht hat, auf Hiob. Er ist überzeugt, daß er im Grund seinen Besitz vergöttert und daß ihm mit dem Besitz zugleich sein Glaube und sein Gottvertrauen verlorengehen wird. Er sorgt dafür, daß Hiob alles verliert, worauf ein Mann stolz ist: seine Kinder, seinen Besitz. Hiob beugt sich unter Gottes Freiheit. Gott kann geben und nehmen. Niemand hat das Recht, Ansprüche an ihn zu stellen oder ihn zur Rechenschaft zu ziehen.

Die erste Bewährungsprobe zeigt, daß Gott seinen Hiob besser kannte als der Satan. Aber der gibt noch nicht auf. Solange der Mensch sein eigenes Leben noch hat, gehen die Verluste nicht ans Mark. Wer weiß, wie Hiob sich verhält, wenn es gilt, die eigene Haut zu Markte zu tragen. Es wird sich zeigen, was stärker ist: sein Selbsterhaltungstrieb oder sein Glaube.

Die zweite Probe ist ungleich härter als die erste. Hiob wird vom knolligen Aussatz befallen. Der Aussatz war in der damaligen Zeit so gefürchtet wie heute der Krebs. Er führte langsam und qualvoll zum Tod. Und wie beim Krebs steigerte sich die Qual mit dem Fortschreiten der Krankheit.

Besonders qualvoll für die Aussätzigen war der Ausschluß aus der menschlichen Gemeinschaft. Der Aussatz galt als ansteckend. Aus Furcht vor Ansteckungsgefahr und aus religiösen Gründen, das heißt aus Angst vor der Verunreinigung durch Kontakt mit Aussätzigen, wurden die Kranken ausgestoßen und mußten ihr Ende auf einen Schutthaufen außerhalb des Dorfes erwarten. Ihre Lage war hoffnungslos. Nichts erinnert mehr an die guten Tage, die Hiob einst gesehen hat. Welten liegen zwischen dem Einst und dem Jetzt.

Hiobs Frau zwischen Mitleid und Verzweiflung

Von Hiobs Frau erfahren wir wenig, nicht einmal ihren Namen. Sie ist als seine Frau mit ihm und seinem Geschick verbunden. Durch ihre Ehe ist sie auf seinen Weg mitgenommen. Aber sie ist nicht so ganz mitgekommen. Sie lebt, was ihre Frömmigkeit betrifft, aus zweiter Hand. Ihr Mann ist unmittelbar zu Gott – sie nur mittelbar. Von ihr ist zwischen Gott und Satan nicht die Rede. Aber es sind ja auch ihre Kinder, die ums Leben kommen, und der Besitz ist ihre Lebensgrundlage so gut wie die Hiobs. Zunächst antwortet ihr Mann für sie mit. Bis sie dann selber das Wort nimmt. Was sie sieht und zu spüren bekommt, ist Hiobs Jammer. Der geht ihr zu Herzen. Sie findet ihn unerträglich. Sie hat keine Hoffnung für ihren Mann. Es gibt nur eine Hoffnung: daß es nicht so lange dauert, daß der Tod bald kommt. Wünschen kann man das eigentlich nicht. Aber es ist das einzige, was sie wünschen kann. In Hiobs Frau streiten zwei Gefühle miteinander. Das erste ist Mitleid. Damit hilft sie Hiob nicht. Er will nicht bedauert werden. Was er brauchen würde, wäre die Tragkraft, die Geduld und die Tapferkeit seiner Frau. Aber sie kann ihm nicht geben, was sie nicht hat. Ihr Mitleid ist ohnmächtig. Es hat seinen einzigen Grund in ihr selbst. Sie hat nur ihre eigene Kraft – die Kraft ihrer Seele. Die Schicksalsschläge haben ihre Kraft erschöpft. Es darf einen nicht wundernehmen. Ich kann verstehen, daß sie verzweifelt. In ihrem Mitleid und in ihrer Verzweiflung wird sie zur Verführerin. Ihre Worte rühren an die eigentliche Existenz Hiobs: »Sage Gott ab und stirb!« Sie tasten ihn da an, wo er seither unverletzlich war: in seinem Glauben – in seiner Bindung an Gott. Hiobs Frau argumentiert, ohne es zu wissen, wie der Satan: »Was hat dir dein Glaube gebracht? Nur Schwierigkeiten, Leiden, Verlust. Was hilft dir dein Glaube? Nichts! Du mußt sterben. Auch Gott verhindert es nicht. Was hast du von ihm? Laß ihn doch fahren!« Hiob hat in diesem Augenblick an seiner Frau keine Hilfe. Das hängt sicherlich auch damit zusammen, daß die Situation dessen, der unmittelbar betroffen ist, eine andere ist als die dessen, der mitbetroffen ist. Eigenes Schicksal zu tragen ist anders, als das Schicksal des Partners mitzutragen. Aber Hiobs Frau macht seine Situation schwieriger, als sie schon ist. Er muß nicht nur sein Geschick tragen, er muß sie mittragen. Es wäre leichter für ihn zu glauben, wenn sie ihn darin stützen und unterstützen würde. Ihre Worte nehmen ihm die letzte menschliche Stütze, die ihm geblieben ist. Er muß seinen Weg des Glaubens ohne sie gehen. Vielleicht gelingt es ihm, sie mit seinen Worten zu erreichen und ihr zu helfen.

Der feste Grund

Hiobs Frau hat den Boden unter den Füßen verloren. Sie ist auf Hiobs Weg mitgenommen worden, aber sie ist nicht mitgekommen. Wo es um ihn geht, geht es um sie mit. Stirbt er, bleibt ihr nichts mehr, woran sie sich halten kann. Aber an einen aus der menschlichen Gesellschaft Ausgeschlossenen kann sie sich auch nicht halten. Sie redet aus ihrer Angst, ihrem Mitleid, ihrer Verzweiflung heraus. Ihr Reden ist fern vom Glauben, sie kann nicht mehr mit Gott rechnen. Für sie stand ihr Mann an Gottes Stelle. Nur durch ihn war sie mit Gott verbunden. Wenn die Verbundenheit mit ihm gestört ist, ist auch ihre Verbindung mit Gott unterbrochen.

Mit seinen Worten weist Hiob seine Frau zurecht. Aber indem er seine Antwort in eine Frage kleidet, wirbt er zugleich um seine Frau. Er möchte so gern, daß sie innerlich mitkommen, daß sie verstehen und einverstanden sein kann. Dann wird auch noch sein Leiden fruchtbar für sie. Sie muß Gott nicht verlieren, wenn sie ihn, ihren Mann, verliert. Sie kann Gott auch noch in den Verlusten ihres Lebens begegnen, wenn sie ihn darin auch nicht verstehen kann.

Hiobs Frau – ein Modellfall?

Hiobs Frau ist in dieser Situation die Versucherin. Ihre Worte gefährden den Glauben ihres Mannes. Würde er ihr Gehör schenken, würde sich sein Glaube in Unglauben verkehren. Mißtrauen gegen die Frau oder Angst vor der Frau könnte zu dem Urteil kommen: Da sieht man's ja: die Frau ist die geborene Versucherin. Sie braucht den Mann, um auf den Weg des Glaubens zu finden und um auf diesem Weg bleiben zu können. Solange die Frau in religiöser

Hinsicht ins zweite Glied verwiesen wird, ist das vielleicht tatsächlich ihre Gefährdung. Es ist die Gefahr dessen, der aus zweiter Hand lebt. Ist es der Mann, der aus zweiter Hand lebt, ist er in gleicher Weise gefährdet. Mann und Frau können einander zum Glauben helfen, wenn sie ihren Weg miteinander gehen. Sie können einer des anderen Last aufheben und tragen. Sie können die Hoffnungslosigkeit und Verzweiflung des andern überwinden, indem sie ihm Mut und Trost zusprechen. Sie können sich gegenseitig beschenken durch die Zuversicht ihres Glaubens und können einander so den Weg zum Glauben öffnen, zu der Unmittelbarkeit einer Gottesbeziehung, die Gott beiden öffnet – Mann und Frau.

Die »Frau Pfarrer«

Meine Mutter war Pfarrfrau. Meine Schwester ist mit einem Pfarrer verheiratet. Ich selbst bin keine geworden – ich bin Pfarrerin. Aber die Pfarrfrauen liegen mir besonders am Herzen. Ich bin nicht sicher, ob ich mit ihnen tauschen möchte – ich möchte eigentlich mit niemandem tauschen. Manchmal habe ich den Eindruck, daß manche nicht gewußt hat, worauf sie sich eingelassen hat, als sie einen Pfarrer heiratete. Abgesehen davon, daß jede Ehe ein Wagnis ist, eine Pfarrersehe ist wohl ein besonderes Wagnis. Sie hat Öffentlichkeitscharakter – auch wenn man alle Anstrengungen macht, die Fenster des Glashauses zu verhängen.

Ich versuche, mir vorzustellen, was ein Pfarrer von seiner Frau erwartet. Daß sie ihn liebt, natürlich, aber wie soll das konkret aussehen? Kein Mensch kann ohne Bestätigung auskommen. Bestätigung beflügelt, ermutigt, läßt Durststrecken überwinden. Je nach der Mentalität der Gemeinde bekommt ein Pfarrer wenig Echo. Vielleicht sagt man ihm nur, wie tüchtig sein Vorgänger gewesen ist und was er alles getan hat. Vielleicht kommt ihm nur zu Ohren, was man an ihm vermißt. Der Dekan ist freundlich und wohlwollend, aber er kann nicht ahnen, wann jeder seiner Pfarrer gerade Ermutigung nötig hat. Die Frau, die spürt, wie es ihm ums Herz ist, die ist die Nächste. Ab und zu braucht er nicht nur ihre Bestätigung, ab und zu möchte er auch gern bewundert werden. Die Kinder sind bald über das Alter hinaus, wo sie den Papa bewundern und nachahmen. Auch sie sparen nicht mit Kritik. Gewiß, es gibt in jeder Gemeinde ein paar Frauen, die den Pfarrer bewundern, die ihm schmeicheln und ihn ein bißchen vergöttern. Aber sie können sich auch wie Kletten an ihn hängen – ihre Bewunderung ist teuer erkauft mit viel Zeit, mit viel Nachsicht, mit viel Geduld. Bleibt die Frau. Ab und zu wenigstens möchte er von ihr bewundert werden – weil er so fleißig ist, weil er so gescheit ist, weil er so gut reden kann, weil er überall Bescheid weiß. Aber er braucht natürlich auch ihre Kritik. Wenn er in seiner Predigtvorbereitung nicht weiter weiß, dann muß sie Zeit haben und darf ja nicht nebenher denken, daß der Kuchen anbrennen könne oder daß Matthias bis heute abend seine frische Wäsche braucht. Und wenn er plötzlich Fieber bekommt, dann muß sie den Konfirmandenunterricht halten, und die Frau Maier wartet auf einen Besuch, und die Abrechnung von der Freizeit muß gemacht werden. Alle kommen mit ihren Wünschen zu ihr, und wenn ihr Mann nicht da ist, dann bekommt sie die Sorgen zu hören, dann bedient sie das Telefon, dann ist sie die, die immer bereit ist. Und wo bleibt sie selbst? Genügt ihr der Titel »Frau Pfarrer« als Bestätigung? Ich kenne viele Pfarrfrauen, die mit Leib und Seele Pfarrfrau sind und nichts anderes sein möchten. Sie sind das Gedächtnis ihres Mannes, sie sind die Gesprächspartnerin ihrer Kinder, sie sind das geduldige Ohr für viele Nöte, die ihrem Mann nicht anvertraut werden, sie sind die kritischsten Predigthörer ihrer Männer. Sie brauchen zum Einkaufen doppelte Zeit, weil sie unterwegs von vielen angesprochen werden. Sie kochen immer ein bißchen mehr, damit die Brüder von der Landstraße etwas Warmes in den Magen kriegen. Sie setzen sich abends hin und lesen theologische Bücher, um ihren Männern bessere Gesprächspartner sein zu können. Sie sorgen für Atmosphäre – nicht nur im Pfarrhaus, sondern auch in den Gemeinderäumen. Ich kenne andere, die sagen: ich kann das nicht und ich will das nicht. Die Erwartungen sind mir zu hoch. Ich kann mich nicht in ein Schema pressen lassen. Ich möchte ich selber sein und bleiben dürfen. Ich habe doch einen Menschen geheiratet und kein Amt. Ich will nicht die »Frau Pfarrer« sein. Ich bin doch nicht nur als Frau des Pfarrers etwas wert, sondern ich als der Mensch, der ich bin!

Ich kann verstehen, daß viele Pfarrfrauen unter dem Amt ihres Mannes leiden, das sie vereinnahmt. Lange Zeit hindurch war es selbstverständlich, daß das Amt vorging und daß sich die Pfarrfrau und die Pfarrfamilie danach richteten und bereit waren, eigene Wünsche um dieses Amtes willen zurückzustellen. Heute ist das nicht mehr so. Ich finde es gut und richtig, wenn auch die Pfarrfamilie miteinander um Lösungen und Entscheidungen ringt, denen alle zustimmen können. Opfer müssen dabei vielleicht gebracht werden. Aber sie sollten aus einem freien und bewußten Ja aller kommen. Ich wünsche es den Pfarrern und ihren Frauen und Kindern. Das Amt darf kein Moloch sein, der seine Kinder frißt.

Der Pfarrer und seine Mitarbeiterinnen

Ehrlich gestanden – die wenigsten kirchlichen Mitarbeiter möchten gern in der Haut ihres Pfarrers stecken. Sie fürchten wohl, es wäre ihnen darin noch weniger wohl als in ihrer eigenen Haut. Es soll Gemeinden geben, wo der Pfarrer tun muß, was der eigenwillige Mesner will. Es soll Pfarrhäuser geben, in denen die Frau Pfarrer den Ton angibt. Es soll Kirchenpfleger geben, die ihren Pfarrern nächtliche Alpträume verursachen. Aber es soll auch vorkommen, daß Gemeindehelferinnen oder Pfarramtssekretärinnen oder Gemeindediakoninnen ganz eigene Köpfe haben, die sie gegen den Pfarrer durchzusetzen versuchen. Und das, obwohl ihnen der Pfarrer eigentlich leid tut. Mitleid jedoch ist eine schlechte Basis für eine nüchterne Zusammenarbeit. Es kann nicht darum gehen, Mitleid zu heischen – weder für den Pfarrer noch für seine Mitarbeiter, auch wenn die einem manchmal erst recht leid tun können.

Mitarbeiter – wie sieht ein sinnvolles Miteinander aus, das Spaß macht? Die Aufgabenbereiche und Kompetenzen müssen klar abgegrenzt sein. Dann ist jeder eigenverantwortlich in seinem Gebiet. Gegenseitige Beratung und Information ist nötig. Dann kann der Pfarrer auch gemeinsam mit seiner Mitarbeiterin nötige Aktionen in der Gemeinde planen und durchführen. Sie ist ja unter Umständen schon viel länger in der Gemeinde, kennt die Leute, weiß, was ankommt und was nicht, weiß, was die Leute gern haben und kennt auch ihre Abneigungen. Er hingegen ist vielleicht noch offener für Neues und wagt sich auch an Ungewohntes. Wenn jeder die Freiheit hat, seine Gesichtspunkte, Fragen, Bedenken oder Ideen zu äußern, müßte es seltsam zugehen, wenn am Ende nichts Brauchbares entstehen würde.

Mitarbeit – Zusammenarbeit – das setzt voraus, daß jeder

im anderen einen mündigen Menschen sieht, der fähig ist.
Verantwortung zu tragen oder der bereit ist, Kritik auszuhalten. Offensichtlich versteht sich das nicht einfach von
selbst – übrigens auch da nicht, wo Männer unter sich sind
oder wo Frauen nur mit Frauen zusammenarbeiten. Oft
genug wird die Mitarbeiterin zum Lastesel. Sie soll alles
das tun, wozu der Pfarrer oder die Pfarrerin nicht kommt –
weil sie keine Zeit haben oder weil ihnen manches nicht
liegt. Es ist so angenehm, wenn man jemanden hat, auf den
man alle unangenehmen Dinge abschieben kann. Schwierigkeiten kann man immer auch dadurch zu bewältigen suchen, daß man sie delegiert. So wird der Lastesel im Hand-
umdrehen zum Sündenbock. Daß auch der Pfarrer zum
Sündenbock gemacht wird – mit Sicherheit immer dann,
wenn die Kirche gerade keinen Aufwind hat – man müßte
blind sein, um nicht auch dies zu sehen. Wer die schwierigen Dinge übertragen bekommt, scheitert leichter. Es geschieht leider oft, daß man dann aber nicht die schwierige
Situation oder die schwierigen Verhältnisse für das Schei-
tern verantwortlich macht, sondern den Menschen, den
man für unfähig erklärt. Der Weg zu einem vernichtenden
Urteil ist dann nicht mehr weit. Wehe aber, wenn der Lastesel störrisch wird und plötzlich nicht mehr Ja sagt, sondern sich seiner Haut wehrt. Mitarbeiterbesprechungen
sind eine gute Sache. Sie brauchen Zeit. Wer keine Zeit in-
vestieren will, soll sie lieber unterlassen. Da kann man
koordinieren, man erfährt vom Gelingen und Mißlingen
des anderen, von seinen Freuden und seinen Nöten. In der
Zeit, in der ich selbst als Vikarin in einer Gemeinde war, äh-
nelten diese Dienstbesprechungen oft einer Befehlsaus-
gabe und einem Befehlsempfang. Ich weiß nicht, ob sich
der Pfarrer in seiner Rolle als Befehlshaber wohlfühlte, er
meinte wohl, er sei es seinem Amte so schuldig. Heute
können sich kirchliche Mitarbeiter immer weniger in die

Rolle des Befehlsempfängers einspielen – mit Recht. Wer zeigen will, daß er fähig ist, Verantwortung zu übernehmen, dem muß man auch Eigenverantwortung übertragen und ihm die Freiheit lassen, sie auf seine eigene Art und Weise wahrzunehmen. Eines Tages kamen ein paar meiner Konfirmierten zu mir mit der Bitte, eine Kinderkirche, die wir mangels Mitarbeiter aufgegeben hatten, wieder anfangen zu dürfen. Anfangs schickte ich jeden Sonntag außer den Jugendlichen noch einen Erwachsenen mit. Sie verstanden das nicht als Hilfe, sondern als Bevormundung. Seither machen sie es allein, so gut sie es vermögen. Sie sind glücklich, und die Kinder kommen. Jeder von uns hat in solche Aufgaben hineinwachsen müssen. Und jeder konnte es nur dann, wenn ihm jemand etwas zutraute!

Verantwortung wahrnehmen – dazu gehört auch, daß man die Freiheit hat, sich nach dem Gesetz der Dringlichkeit zu richten. Meist kann man nicht alles bewältigen und muß wählen. Zur Eigenverantwortlichkeit gehört auch, daß jeder selbst seine Grenzen und Möglichkeiten erfahren und erproben und sich dann nach ihnen richten muß. Ich habe die Erfahrung gemacht, daß ein Mensch, dem man nicht alles vorschreibt, eher bereit ist, über seine eigentlichen Aufgaben hinaus etwas zu tun, wenn er sieht, daß es nötig ist.

Pfarrer, so meinen Außenstehende oft, müßten immer freundlich, immer gelassen sein und immer bereit, alles mit Humor zu ertragen. Genau betrachtet ist das gar nicht möglich. Daß Pfarrer auch Menschen sind, das weiß man spätestens dann, wenn man dienstlich mit ihnen zu tun hat. Gelegentlich braucht jeder einen Blitzableiter. Alle Angestellten sind wohl in einer ihrer vielfältigen Rollen auch die Blitzableiter ihrer Chefs. Auch die Mitarbeiter des Pfarrers dienen ab und zu als Blitzableiter für Kränkung, Zorn, ungelöste Spannungen, Ängste. Ständige Gewitterstimmung ist allerdings unerträglich.

Ist es denkbar, daß auch der Chef die Rolle des Blitzableiters übernimmt, wenn bei seinem Mitarbeiter gerade Hochspannung ist? Wenn das möglich ist, dann ist das Arbeitsverhältnis gut. Es ist nicht nötig, die Dinge auf den Kopf zu stellen – die Mitarbeiter zu Chefs zu machen und den Chef zum Mitarbeiter. So hoch ist der Thron nicht mehr, auf dem ein Pfarrer sitzen kann, daß man ihn um jeden Preis von ihm herabstürzen müßte. Gewiß, er hat studiert, und seine Mitarbeiter sind in seinen Augen, was die Theologie betrifft, wohl ein wenig Minitheologen. Nicht, daß er nicht auch in Glaubensdingen von ihnen lernen könnte! Was man sich wünschen würde, wäre ein Klima, in dem man ohne Konkurrenzangst und Minderwertigkeitskomplex zusammenarbeiten kann. Wir hatten zum Beispiel in unserem Kirchengemeinderat eine Atmosphäre des Vertrauens und der Freiheit, auch der Freiheit, sich selbst am Maß der eigenen Gaben und Grenzen zu messen und darauf zu verzichten, den andern am Maß der eigenen Tüchtigkeit zu messen. Wir arbeiteten gern miteinander. Auch hatten wir es nicht nötig, immer unter dem Druck zu stehen, daß wir uns profilieren müssen: die Hälfte von uns waren Frauen! Vielleicht lernen wir es in unseren kirchlichen Gremien mit der Zeit, daß die Größe und Dringlichkeit der Aufgaben Verschiedenheiten und Gegensätze ertragen läßt. Vielleicht lernen wir immer mehr, aufeinander zu hören, so daß keiner in einer elenden Einsamkeit verkümmern muß. Nichts muß so bleiben, wie es ist. Der Apostel Paulus nennt die Gemeinde einen Leib. Ein Leib ist etwas Lebendiges. Wir alle zusammen sind der Leib. Welch ein Unsinn, von einem einzigen zu verlangen, daß er den ganzen Leib darstellen soll. Wenn der Pfarrer in diesem Leib ein Glied unter anderen sein darf, dann wird es ihm wohl sein in seiner Haut – erst dann.

Eine Meditation über »Zeit«

Tempo – Tempo!
Das ist die Melodie unserer Zeit.
Tempo – Tempo!
Gott hat dem Menschen Zeit gegeben,
vom Tempo hat er nichts gesagt.

Zeit – uns allen ist Zeit gegeben. Was bedeutet das für uns
und unser Leben?

Zeit
Eine Maßeinheit: Minuten – Stunden – Tage.
In der Prüfung heißt es: »Sie haben 10 Minuten Zeit!«
In diesen 10 Minuten fällt die Entscheidung
über ein Zeugnis – über die berufliche Zukunft.
Sehr gut – gut – befriedigend –
Tage braucht man, um sich das nötige Wissen anzueignen.
Gute Nerven und einen klaren Kopf braucht man,
um es an den Mann zu bringen.
Draußen heult der Sturm. Der Kopf brummt.
Es hilft nichts. Sie haben keine Wahl.
Sie haben 10 Minuten Zeit. Diese Zeit ist zugemessen.

Zeit
Sie schleicht.
40 Minuten redet der Lehrer da vorne schon.
Alles vorbei an meinen Ohren.
Alles fern von meinem Herzen.
10 Minuten noch – dann bin ich frei. Dann habe ich Zeit.

Zeit
Könnte man sie doch festhalten! Noch drei Minuten.
Dann fährt der Zug gen Norden.

Er wird den geliebten Menschen entführen.
Für Tage – für Wochen – für immer?
3 Minuten Zeit, um zu sagen,
was ihn vielleicht halten könnte.
3 Minuten.
Zu wenig.
Ich kann jetzt nicht reden.
Die Chance verstreicht.
Hinterher,
wenn es zu spät ist, werde ich wissen,
was ich hätte sagen sollen und wollen.

Zeit
Sie drängt.
Das Fieberthermometer klettert auf 40; 40,1; 40,2; 40,5.
»Herr Doktor!«
»Ja, er ist unterwegs.«
»Wie lange es noch dauern wird?« –
»Nicht lange! 2 Minuten.«
10 Minuten – 11 Mi - nu - ten . . .
Die Uhr steht. Die Zeit steht. Das Herz steht!
Ein letztes Röcheln.
Ein kleiner Versuch zu lächeln, ein letztes Mal.
»Herr Doktor!«
Zu spät!

Zeit
Eingehaltene Zeit. Das Glück, erwartet zu werden.
Letzte Worte einer Sterbenden:
Ich habe Sie so nötig gebraucht
und Sie waren immer da.
Wir werden erwartet. Wir alle.
Von wem? Wann?
Es wird sich zeigen.

Zeit
Verstrichene Zeit.
»Ich komme wieder. Bestimmt. Sobald ich Zeit habe.«
Die alte Frau schloß die Tür hinter mir.
Dann hat sie gewartet. Tag um Tag.
»Heute kommt sie. Gewiß! – Vielleicht . . .«
Jetzt wartet sie nicht mehr. Sie hat es aufgegeben.
Es nützt ja doch nichts. Ich habe vergessen.
Einen Menschen vergessen. Versprochenes vergessen.
Ich habe einem Menschen das Herz schwer gemacht.
Ich habe . . .
O Gott! Wir werden schuldig!
Wir alle. Wir vergeuden Zeit –
unersetzliche Zeit. Wer wird uns trösten?

Zeit
Anvertraute Zeit.
Briefe, ungeschrieben lang – heute!
Ruhe, längst entbehrt – heute!
Wege, unbegangene, geheimnisvolle, einsame,
lang begehrte – heute! Ein freier Tag.
Ich will ihn nützen – hilfreich – gut!

Zeit
Es ist ein Tag wie andre sind.
Eine Stunde ohne Erwartung.
Ein Augenblick ohne Hoffnung.
Und plötzlich ist alles anders.
Ein Mensch redet mich an.
Ein Mensch sieht mich an,
erkennend, bejahend, freundlich.
Ein Mensch schenkt mir Zeit.
Ich habe ihn nicht einmal darum bitten müssen.
Ich habe dies nicht gesucht. Es hat mich gefunden.

Ich habe es nicht begehrt. Es hat mich überwältigt.
Ich bin plötzlich wieder offen –
fürs Sehen, fürs Hören, für Gott und für Menschen.

Zeit
Gottes Zeit ist die allerbeste Zeit.
Gott gibt Zeit.
In ihr will er uns begegnen,
schenkend, verzeihend, fordernd.
Er hat uns und unsere Zeit in seinen Händen.

Gehilfin – Partnerin

Eine kluge Frau – ein begnadeter Mensch
(1. Sam. 25, 1-35)

Ein ungleiches Paar

Jeder, der Nabal und Abigail kannte, mußte sagen: was für ein ungleiches Paar! Nabal ist reich. Er hat Erfolg gehabt. Das verdankt er seiner Brutalität. Er versteht es, andern Angst zu machen und sich mit Gewalt durchzusetzen. Er ist aber nicht fähig, andere zu respektieren, sie gelten zu lassen und anderen zu helfen, die nicht in so günstiger Situation sind wie er. Er nimmt es als selbstverständlich hin, daß man ihn und seine Rechte respektiert. Er gefällt sich darin, anderen zu zeigen, wer Herr ist. Wie ist der Mann nur zu seiner Frau gekommen? Oder wie ist sie zu diesem Mann gekommen? Hat sein Geld ihre Familie geblendet? War es eine Vernunft-Ehe?
Abigail ist eine außergewöhnliche Frau. Sie ist von besonderer Schönheit und von bewunderswerter Klugheit. Das hat ihr vermutlich dazu geholfen, ihren Mann zu respektieren, sich ihm äußerlich unterzuordnen, sich aber immer den nötigen Freiraum zu bewahren. Die Ehe der beiden war wohl mehr ein Nebeneinander als ein Miteinander. Diesen Eindruck gewinnt man jedenfalls.

David als Flüchtling

David ist auf der Flucht vor Saul. Aus dessen ursprünglicher Zuneigung ist Haß geworden, als Saul in David seinen Rivalen erkannte. Er hat ihm die Zuneigung seines Sohnes

26

und die Bewunderung des Volkes gestohlen und hat seine Tochter zur Frau genommen. David versteht es, auch aus der Situation des Flüchtlings das Beste zu machen. Er wird zum Anführer einer halbnomadischen Horde. Er lebt freilich nicht vom Raub. Er macht keine Übergriffe auf den Besitz anderer. Er nimmt ein anderes Gewohnheitsrecht für sich in Anspruch:
Es ist die Zeit der Schafschur. Sie ist das Erntefest des Viehzüchters. Zu diesem Fest werden auch weniger glückhafte Nachbarn geladen. Man ist bereit, den Segen des Jahres zu teilen. Diese Gewohnheit nützt David aus. Er schickt Boten zu Nabal. Er hat sich ein gewisses Anrecht erworben: er hat mit seinen Leuten Nabals Hirten beschützt. Er hat, was seine Person betrifft, den Frieden garantiert, den er Nabal wünscht. Wenn Nabal daran interessiert ist, den Friedenszustand zu erhalten, so möge er brüderlich teilen. Er selbst wird darüber nicht arm. Im Gegenteil, David wird aus Dankbarkeit seinen Frieden, seine Ruhe und seine Sicherheit weiterhin schützen.

Nabal, der selbstbewußte Tor

Nabal fällt mit seiner Reaktion aus der Rolle. Für ihn gilt das Gewohnheitsrecht nicht. Er folgt dem Recht des Stärkeren. Für ihn gibt es nur ein Gesetz: Wer oben ist, tritt. Er ist unfähig, das Lebensgesetz anzuerkennen, daß jeder vom Geben und Nehmen lebt – einerlei, welche Stellung ihm zufällt. Das Gewohnheitsrecht garantiert den Frieden. Wer es mißachtet, gefährdet den Frieden. Das bekommt Nabal zu spüren. David fühlt sich nicht mehr verpflichtet, den Frieden zu garantieren. Er ist auch jemand. Er ist kein dahergelaufener Tagdieb, wie Nabal meint. Wenn es darum geht, Macht auszuspielen – das kann er auch!

Abigail greift ein

Abigail erfährt erst jetzt von den Ereignissen. Ihr Mann ist gewohnt zu handeln, ohne sie zu fragen und ohne sie zu verständigen. Er ist einer, mit dem man nicht reden kann, vor allem nicht, wenn er vom Jähzorn hingerissen wird. Abigail weiß das. Die ganze Hausgemeinschaft weiß es. Man richtet sich danach. Wenn Schlimmes verhindert werden soll, muß Abigail das Heft in die Hand nehmen. Man muß sie möglichst rasch von den Vorgängen in Kenntnis setzen. Abigail handelt. Auch sie fragt ihren Mann nicht. Sie läßt ihn auch nicht wissen, was sie vorhat. Sie ist ihm Gehilfin, auf die einzig mögliche Weise. Sie handelt ohne sein Wissen. Sie handelt aber in seinem Interesse.

Die Begegnung Davids mit Abigail

Die Situation erfordert ganzen Einsatz von Abigail; denn David ist in seinem Ehrgefühl empfindlich verletzt. Er schwört Rache an allem, was Mann heißt im Hause Nabals. In diesem Augenblick trifft Abigail auf ihn. Sie gibt ihm in ihrem Verhalten seine volle Ehre wieder. Sie ehrt ihn wie einen Herrn und König. Sie wirft ihre ganze Person in die Waagschale. Sie nimmt alle Schuld auf sich. An ihr kann sich David freilich nicht rächen. Das weiß sie. An ihr kann David nicht vorbei. Über sie kann er nicht hinweg.
Abigail schont ihren Mann nicht mit Worten. Sie distanziert sich von ihm. Aber sie handelt für ihn. Sie handelt ebenso in Davids Interesse. Abigail sieht David schon in der Rolle des künftigen Königs. Sie sieht in ihm den Gesalbten Gottes. Ein König darf keine Blutschuld auf sich laden. Jetzt liegt es in Davids Hand, seine Zukunft schwer zu belasten oder aber unbelastet in die Zukunft zu gehen. David denkt im Augenblick nur an seinen Zorn. Er ist von

sich aus unfähig, an die Zukunft zu denken. Er ist ganz im Bann seiner Gefühle; wenn er sich von ihnen hinreißen läßt, dann wählt er seinen eigenen Weg und verfehlt den Weg Gottes mit ihm.

Ohne Abigail wäre David unfähig zu erkennen, was in diesem Augenblick auf dem Spiel steht. Abigail öffnet ihm die Augen. Ihre Worte enthüllen ihm die Wahrheit, die er ohne sie verfehlt hätte.

Sie hat sich selbst in die Waagschale geworfen. Sie, als eine fremde Frau, hat ihm nach der Sitte der damaligen Zeit nichts zu sagen. Normalerweise bestimmt der Mann das Handeln, und die Frau hat sich darauf einzustellen und ihm zu folgen. Aber David erkennt in Abigails Worten die Stimme Gottes, die zu ihm spricht. Auch er wirft sich selbst in die Waagschale der Begegnung.

Angenommen

David ist voller Dankbarkeit. Er weiß, was er Abigail verdankt, und er weiß, wem er die Begegnung mit Abigail verdankt. Er spricht beides aus. Er preist Gott. Er nimmt Abigails Gaben an und verzichtet auf seine Rache. Er nimmt aus ihrer Hand das Angebot des Friedens, und er verbürgt sich mit seinem Wort für ihren Frieden. Aus Davids Mund erfährt Abigail, was sie wohl nie zuvor gehört hat – jedenfalls nicht aus dem Mund Nabals: daß sie Gegenüber ist, Gabe und Bote Gottes, Friedensträgerin. Aus Abigails Mund hat David erfahren, wer er ist: der König, der Gesalbte Gottes. In ihrer Begegnung sind beide »erhoben« worden. Beide haben ihre eigene Wahrheit gefunden, so wie sie den andern erkannt und ihm seine Wahrheit zugesprochen haben. Das ist der tiefste Sinn ihrer Begegnung.

Unsere Gemeindedienstfrauen

Was täten wir in unserer Stadt ohne sie, ohne die 45 Frauen unserer Gemeinde, die Monat für Monat in jedes Haus kommen. Von manchen werden sie sehnlich erwartet. Für einige unserer Alten ist das wenigstens ein Besuch im Monat, mit dem sie rechnen können. Da kommt regelmäßig ein Mensch, der freundlich ist, der zuhört, der auch nicht ungeduldig wird, wenn dieselben Klagen immer wieder kommen. Zwei von unseren Gemeindedienstfrauen sind außerdem im Kirchengemeinderat. Wie gut, wenn es dort Frauen gibt, die wissen, was an der Basis geschieht, mit welchen Problemen sich dort Menschen herumschlagen, was sie bewegt, was sie denken. Die Gemeindedienstfrauen sagen ihrer Pfarrerin, wer im Krankenhaus liegt. Sie erinnern sie an nötige Besuche. Sie helfen beim Bezirksfrauentag, bei der Altenfreizeit, sie betreuen die Kinder bei der Freizeit für Mütter mit Kindern, sie helfen bei ökumenischen Frauentreffen und bei Gemeindefesten. Sie sind für viele das Bindeglied zu ihrer Gemeinde. Gewiß, Treppensteigen ist mühsam, und nicht überall werden sie freundlich empfangen, vor allem nicht mit der Sammelbüchse. Und manche Kritik an der Kirche und mancherlei Enttäuschung über den Pfarrer bekommen sie aus erster Hand. Das ist manchmal hart. Aber ich erinnere mich, wie mir eine sagte: »Seitdem ich beim Gemeindedienst bin, mache ich mir viel mehr Gedanken darüber, warum ich eigentlich Christ bin.« Sie versteht ihren Dienst als Wachstumsprozeß im Glauben. Sie hat gemerkt, daß andere es ihr nicht übelnehmen, daß sie selbst ein suchender und ein fragender Mensch ist. Im gemeinsamen Suchen und Fragen wachsen einem ja auch Erkenntnisse zu. Eins nur ist wichtig: Ehrlich bleiben!

Aufgaben entbinden Kräfte. Aber es ist ganz wichtig, daß

die Gemeindedienstfrauen mit ihrer Pfarrerin regelmäßig zusammenkommen, um Erfahrungen auszutauschen und im Gespräch zu klären. Wir dürfen keinen, den wir für einen Dienst in der Gemeinde beanspruchen, einfach sich selbst überlassen. Sonst erschöpft er sich. Keiner von uns ist unerschöpflich. Keiner muß sich für unerschöpflich halten. Und jeder hat andern etwas voraus. Jeder gibt und jeder empfängt. Manche von unseren Gemeindedienstfrauen hat das in Jahrzehnten erprobt. Manche hat es davor bewahrt, sich mit der Frage herumzuquälen: Warum bin ich überhaupt da? Erstaunlich, daß wir bis jetzt noch keine Nachwuchsprobleme haben, obwohl dieser Dienst nichts einbringt, was sich herzeigen läßt: er geschieht ehrenamtlich.

Besuchsdienst

Ich habe Frau S. besucht. Sie hat eine schwere Operation hinter sich. Seit zwei Jahren arbeitet sie im Besuchsdienst unserer Universitätsklinik mit. Außerdem ist sie Kirchengemeinderätin, und im Gemeindedienst tut sie auch mit. Ihre drei Kinder brauchen nicht mehr ihre ganze Kraft. Wie sehr ihr der Besuchsdienst am Herzen liegt, merke ich bei diesem Besuch. Von ihrer eigenen Situation spricht sie nur im Zusammenhang mit dem Besuchsdienst. Sie hat einen schweren Tag hinter sich. »Wissen Sie, es ist gut, wenn man die Situation des Patienten wieder einmal am eigenen Leib erfährt. Man versteht seine Patienten dann viel besser. Aber glauben Sie mir, es fehlt mir richtig, daß ich jetzt eine Weile keine Besuche machen kann. Ich hab' mich so an ›meine Männer‹ gewöhnt. Es gibt etliche, von denen ich weiß, daß sie auf mich warten und daß sie sich freuen, wenn ich komme. Anfänglich hatte ich ja so viel Angst. Aber jetzt gehe ich gern ins Krankenhaus, und wenn ich jetzt nicht gehen kann, dann fehlt mir das, und unsere Gesprächsgruppe möchte ich gar nicht mehr missen. Wir haben ein richtig freundschaftliches Verhältnis gewonnen. Es ist auch wichtig, daß wir unsere Erfahrungen austauschen, unsere Fehler erkennen und miteinander und voneinander lernen. Auch, wenn jeder seinen eigenen Stil finden muß. Es soll ja echt sein, was wir tun. Kranke sind empfindlich gegen alles Unechte. Ich merke das an mir selber.«

Besuchsdienst im Krankenhaus. Welchen Sinn hat er? Es geht dabei nicht nur um die Entlastung der Klinikpfarrer. Es geht um den seelsorgerlichen Auftrag der Gemeinde. Einsame besuchen, Verzweifelte trösten, Ratlosen raten, Geängsteten beistehen, Sterbende begleiten – das ist Aufgabe der ganzen Gemeinde. Die Frauen, die diesen Dienst in unseren Krankenhäusern tun, geben offen zu, daß er sie belastet. Aber er bereichert und beglückt zugleich. Und das ist an anderen Orten ganz sicher ebenso.

Unser wahres Gesicht
(Gedanken zu 2. Kor. 3, 17.18)

Wo der Geist des Herrn ist, da ist Freiheit. Wir alle sehen mit unverhülltem Gesicht die Herrlichkeit Gottes. Dabei werden wir selbst in das verwandelt, was wir sehen, und bekommen einen immer größeren Anteil an Gottes Herrlichkeit. Das bewirkt Christus durch seinen Geist.

Die Situation des Menschen wird heute häufig mit dem Wort »Identitätskrise« beschrieben. Emanzipation, Selbstfindung, Selbstverwirklichung sind Worte, die einen Weg aufzeigen sollen, der aus der Krise herausführt. Andererseits werden gerade diese Worte wieder als Beschreibung der Krise verstanden. Sie machen Angst und wecken Widerstand.

Die Krise hängt damit zusammen, daß es vielen unserer Zeitgenossen nicht mehr möglich ist, sich in überkommenen Bildern und Rollen wiederzufinden. Aber was viele Frauen empfinden, empfinden ebenso viele Männer, viele Jugendliche, viele alte Menschen. Was für unseren Kulturbereich gilt, gilt ganz genauso für andere Kulturbereiche. Auch die Rollen der Völker müssen neu gefunden werden, auch sie liegen nicht mehr fest. Die Krise ist eine Menschheitskrise. Sie betrifft nicht nur eines der beiden Geschlechter, nur ein Volk oder nur einen Kulturbereich.

Wer ist der Mensch? Diese Frage klingt nicht nur neugierig. Sie klingt auch ängstlich. Sie klingt betroffen. Sie hat einen Unterton von Entsetzen, Schmerz, Verzweiflung. Sie bewegt nicht nur den Kopf. Sie bewegt die Gefühle. Sie fasziniert und lähmt. Sie setzt in Bewegung bis hin zur Revolution. Wer ist der Mensch? Wer ist der Mensch als Frau? Wann zeigt sie ihr wahres Gesicht? Wem zeigt sie es?

Ist sie im Grunde harmlos, wenn man sie nur in Ruhe läßt? Oder ist sie – gar nicht so harmlos – Herrin des Lebens? Verfügt sie über das Leben bis hin zur Vernichtung des eigenen Lebens und anderen, ihr unbequemen, unerwünschten Lebens? Zeigt sie ihr wahres Gesicht da, wo sie liebt? Dann schenkt sie Leben und Sinn durch ihre Zuwendung, durch ihre Bereitschaft zu Opfer und Verzicht, zum Eingehen auf ihr Gegenüber. Zeigt sie ihr wahres Gesicht da, wo sie haßt und die Macht, die sie hat, mißbraucht? Dann wird durch sie das Leben bedroht. Auch sie kann ihre Lust nicht nur durch Hingabe empfangen, sondern auch durch Freude am Quälen, einerlei, ob sie sich selbst quält oder ihr Gegenüber. Zeigt sie ihr wahres Gesicht im Bewahren und Schützen, im Gestalten und Entwerfen oder im Verwerfen und Zerstören der ihr anvertrauten kleinen oder großen Welt? Sie hat so viele Gesichter. Welches ist ihr wahres Gesicht? Muß man es fürchten? Kann man es lieben?

Zeigen wir unser wahres Gesicht, wenn wir ganz gelöst und entspannt sind? Zeigen wir es, wenn wir ganz in uns ruhen, bei uns selbst daheim und mit uns einverstanden sind, so daß wir alles auf uns zukommen lassen können: Menschen, Probleme, Aufgaben, Freuden, Nöte?

Zeigen wir unser wahres Gesicht, wenn wir schöpferisch sind mit unseren Händen, mit Worten, mit Pinsel und Stift, mit Materialien, mit Tönen, mit einem Instrument?

Enthüllen wir unser wahres Gesicht, wenn wir außer uns sind vor Glück, vor Schmerz, vor Wut, vor Freude, vor Angst? Enthüllen wir nur in der Ekstase unser wahres Gesicht, wenn wir uns nicht mehr beobachten oder zusammennehmen oder kontrollieren?

Wir verbergen unser wahres Gesicht aus Scham oder aus Angst. Wir wählen uns Masken, um uns dahinter verbergen zu können. Wir übernehmen Bilder, Vorstellungen, Rollen und meinen, auf diese Weise zu uns selbst, zu unserem Wesen zu kommen. Wir möchten gern ganz wir selbst sein, einmalig, unverwechselbar. Oft richten wir uns dabei nach Vorstellungen und Erwartungen, die uns nicht entsprechen. Wir werden verwechselbar. Wir möchten sein wie alle und fürchten gleichzeitig, verkannt zu werden.

Wir schämen uns, weil wir verletzlich sind oder unbedeutend oder weniger gut, als wir gerne wären. Wir haben Angst, durchschaut zu werden. Wir wählen uns Masken und Rollen und Bilder, um uns zu schützen. Aber unsere Masken schützen uns ja nicht nur. Sie hindern uns auch und sie isolieren uns. Unsere Masken und Bilder und Rollen werden zum Gesetz, das uns knechtet, einengt, unfrei macht, uns selbst entfremdet. Wir verlieren unser wahres Gesicht. Wie können wir es finden?

Das wahre Gesicht kann nur die Liebe finden, die schöpferisch ist und auch Enttäuschung in Kauf nimmt. Denn unser wahres Gesicht können wir nur da zeigen, wo Angst und Scham überflüssig werden, wo uns verstehende, verzeihende, erkennende, tragfähige Liebe begegnet. Liebe enthüllt uns das wahre Gesicht unseres Gegenübers.

Das Gesetz Gottes, ursprünglich als hilfreiche Gabe der Liebe Gottes gemeint, als Orientierungshilfe, als Lebenshilfe und schützende Grenze, verhüllte und verbarg das wahre Gesicht Gottes in dem Maß, in dem Israel Gott mit seinem Gesetz gleichsetzte und den Geber mit seiner Gabe identifizierte. Es bemächtigte sich der Gabe des Gesetzes und versuchte zugleich, sich des Gebers zu versichern. Das geschah auf doppelte Weise: das Gesetz wurde immer neu ausgelegt und wurde zum Maßstab des Tuns. Wer es verfehlte, der verfehlte Gott und verfehlte sich selbst. Er mußte Gottes Angesicht fliehen, weil dieser ihm nur in der Rolle des zürnenden, strafenden Richters begegnen konnte. Er konnte ihm nur standhalten und begegnen, wenn die Liebe zu Gott stärker war als die Furcht vor Gott und die Hoffnung stärker als das Bewußtsein der eigenen Schuld.

In Jesus hat Gott dem Menschen sein wahres Gesicht enthüllt, das Gesicht dessen, der zugewandt bleibt, auch da, wo er geschmäht, verkannt, abgewiesen wird. Vor dem in Jesus enthüllten Angesicht Gottes werden unsere Masken überflüssig und unsere Rollen austauschbar. Wir müssen uns selbst nicht auf sie festlegen und werden nicht auf sie festgelegt, als könnten wir nur in ihnen unsere Eigentlichkeit finden.

Gott sieht unser unverhülltes Gesicht. Er erkennt es, er entdeckt es, er erträgt es. Er schafft aus unseren entstellten und verstörten Zügen sein Bild: unser wahres Gesicht. Nur der Liebe gelingt es, das wahre Gesicht zu entdecken. Seiner – Gottes – Liebe gelingt es, uns unser wahres Gesicht zu geben. Unserer Liebe gelingt es, sein Antlitz zu suchen, auch da, wo es sich uns verbirgt, und die Strecken durchzuhalten, wo wir es nicht mehr zu sehen vermögen.

Grenzgängerinnen

Grenzgängerinnen aus Liebe
(Matth. 15, 21-28)

Eine Mutter gerät in Konflikt mit herrschenden Sitten

Ich möchte zunächst versuchen, die Wirklichkeit der kanaanäischen Frau zu sehen und zu verstehen, die sie in die Begegnung mit Jesus einbringt, die Wirklichkeit einer Frau, die am Rande Palästinas lebt.

Sie ist in ihrer Mutterrolle auf eine harte Probe gestellt. Leiden sehen zu müssen und nicht helfen zu können, ist bitter. Stellvertretung ist nicht immer möglich. Oft ist sie gerade da nicht möglich, wo wir sie wünschen würden. Wir würden oft Lasten gern abnehmen und können doch nur beim Belasteten aushalten. Als die Frau von Jesus erfährt, gerät sie in Konflikt mit der geltenden Sitte. Ihrem Kind zulieb fällt sie weit aus ihrer Rolle. Sie geht auf die Straße und schreit dort einem Mann nach. Das tun sonst nur die Straßenmädchen. Sie bricht aus aus Angst, Stolz, Empfindlichkeit und Schamgefühlt. Sie tut es aus Liebe zu ihrer Tochter und aus Hoffnung auf Hilfe. Noch schlimmer wäre es freilich, wenn sie der Resignation oder der Verzweiflung verfallen würde. Wenn sie nicht ausbrechen würde, bliebe sie gefangen in Hoffnungslosigkeit.

Die Frau ist, religiös gesprochen, eine Außenseiterin. Sie ist »am Rande«. Sie gehört nur mittelbar dazu als Frau, als Heidin, auch wenn sie zu den Gottesfürchtigen gehören sollte, die sich für den jüdischen Glauben interessieren. Die Möglichkeit, ganz dazu zu gehören, besteht für sie schlechterdings nicht. Welche Möglichkeiten gibt es für einen Außenseiter? Protest – Anklage – Resignation – Revolution – oder die ganz andere Möglichkeit – Annehmen dieser Rolle?

Jesus, ausgebrochen aus dem Ring der Feindseligkeit

Jesus hat seine Tätigkeit in Galiläa beendigt, weil er dort in eine gefährliche Spannung zu den Frommen geraten ist. Er ist über die Grenze gegangen, um Distanz, Ruhe, Zeit zu gewinnen vor neuen Stürmen. Dort – im heidnischen Gebiet begegnet ihm das Vertrauen, das er bei seinem eigenen Volk so oft vergeblich gesucht hat. Das bringt ihn in die Spannung zwischen Erfolg und Mißerfolg. Wäre es nicht richtig, dort zu wirken, wo es Erfolg verspricht? Die Situation ist ausgesprochen verführerisch.

Jesus gerät an die Grenze seiner Sendung. Er weiß sich an den ihm gegebenen Auftrag und an die ihm gesetzten Grenzen gebunden. Der Auftrag weist ihn an sein Volk und bindet ihn an sein Volk. Diese Begrenzung bringt ihn in Spannung zu den begreiflichen und berechtigten Wünschen der Frau, die Hilfe braucht. Sie bringt ihn auch in Spannung zu den Wünschen und Bedürfnissen der Jünger, die sich durch die Frau gestört fühlen und die verständlicherweise ihre Ruhe haben wollen.

Die Frau hält die Spannung aus

Die kanaanäische Frau versteht Jesu Widerstand nicht als Ablehnung. Sie hält an ihrer Hoffnung fest. Sie erwartet, daß Jesus ansprechbar ist für Notsituationen und für Menschen in Not.

Sie erkennt und anerkennt ihre Rolle als Außenseiterin. Aber auch der Außenseiter gehört zur Großfamilie Gottes

– wie der Haushund zur Familie gehört. Sie hält Gott für so reich und für so großzügig, daß seine Güte und Barmherzigkeit auch sie, die Außenseiterin, erreicht. Sie glaubt das im Gegensatz zu erfahrener Ablehnung durch Juden und im Gegensatz zum religiösen Selbstbewußtsein vieler Juden. Sie glaubt es gegen ihre eigenen Ängste.

Jesus findet in der Spannung dieser Situation
zu einem neuen Verständnis seines Auftrags

Gott mehr zu gehorchen als den Menschen – das ist für Jesus oberster Grundsatz. Er fühlt sich durch Gott und durch Gottes Auftrag begrenzt. Diese Grenze verletzt die Frau. Aber durch ihren Glauben überschreitet die Frau die Grenze in ein selbstbewußtes (das heißt ihres eigenen Ortes als eines dazugehörigen Außenseiters bewußtes) und in ein selbstvergessenes Vertrauen hinein. Dieses Vertrauen glaubt und hofft: Gott, durch den Krankes gesund wird, kennt keine Grenzen. Der Glaube der Frau zeigt Jesus, daß Gott selbst die Grenze zum Heidentum schon überschritten hat. Gott hat diese Frau schon ergriffen, und sie hat Gott glaubend begriffen. Es wäre also Ungehorsam, wenn Jesus diesseits der Grenze verharren und den Schritt über die Grenze nicht wagen würde. Er nimmt sich nicht selbst eine Freiheit. Er ergreift nur eine ihm geschenkte und gewährte Freiheit, wenn er die Bitte der Frau erhört und ihre Hoffnung erfüllt. Glaube und Sendung sind Wege, auf denen es unter Umständen Schritte zu tun gilt, die in Spannung stehen zu allem seither Geglaubten und Erkannten – Schritte des Gehorsams, der in Spannung versetzt und der befähigt, in Spannungen auszuhalten.

Nachdenken über T. G.

Sie hat mit so großer Begeisterung angefangen. Die Gruppe Konfirmierter, die sie übernommen hat, ist ausgesprochen schwierig. Hervorstechende Merkmale: Zerstörungslust, Langeweile, brutale schonungslose Offenheit. Sie sind rasch bei der Hand mit vernichtenden Urteilen und haben wenig Gespür füreinander. Sie merken gar nicht, wenn sie einander verletzen. Oder doch? Wollen sie einander wehtun? Es fällt ihnen schwer, einander zuzuhören. Sie haben eine Menge Möbel angeschleppt, um ihren Gruppenraum gemütlich zu machen. Jetzt machen sie die Möbel wieder kaputt . . . Manchmal diskutieren sie stundenlang, und dann wieder überschreien sie sich nur gegenseitig.

Manchmal ist sie nahe daran aufzustecken. Jugendarbeit heute in einem Wohngebiet, in dem viele Problemfamilien leben – es ist alles andere als leicht. Idealismus allein reicht nicht aus. Man muß damit rechnen, daß andere, die Freundinnen aus der Schulzeit zum Beispiel, einen verlachen.

Das bequeme, eigensüchtige Leben ist nicht ihr Ideal. Es liegt ihr an diesen Jugendlichen. Sie mag sie. Sie kommt selber aus einer Problemfamilie. Aber sie machen es einem nicht leicht – diese Fünfzehnjährigen. Sie nötigen einen, daß man sich über sich selbst klar wird und über die eigenen Motive.

Sie ist überzeugt, daß sie die Gruppe braucht. Und die Gruppe braucht auch sie. Keiner zwingt sie weiterzumachen. Aber sie will es selbst. Sie ist jung, beweglich, sensibel, nachdenklich. Sie macht es sich selbst nicht leicht. Aber wer sich's leicht machen will, der darf keine Jugendarbeit betreiben – heute weniger denn je! Jugendarbeit ist der Dienst in der Gemeinde, bei dem die wenigsten Lorbeeren zu holen sind – mindestens hier bei uns.

Ein freiwilliger Dienst – Nachdenken für T. G.

»Gott läßt so oft in der Schrift zeugen, er wolle keinen ge-
zwungenen Dienst haben, und solle niemand sein werden,
er tue es denn mit Lust und Liebe. Haben wir denn nicht
Sinn und Ohren? Ich sag's abermal: Gott will nicht ge-
zwungenen Dienst haben. Ich sag's zum drittenmal, ich
sag's hunderttausendmal: Gott will keinen gezwungen
Dienst haben« (Martin Luther). Dienst – das Wort hat für
uns keinen lockenden Klang. Es klingt altmodisch, überholt, fremd. Wir verbinden damit die Vorstellung von Un-
terordnung, Freiheitsberaubung, Ausnützung. Wer dient,
gibt seine Freiheit und Selbständigkeit auf, er begibt sich in
Abhängigkeit – und wo ist deren Grenze? Wer dienen will,
muß fürchten, vereinnahmt zu werden. Versuchen wir,
diese Vorstellung beiseite zu schieben. Dienen heißt: sich
nützlich zu machen – einem Menschen oder einer ganzen
Gruppe von Menschen – oder einer Sache. Not ruft nach
dem Dienst – verborgene oder offenkundige. Kein Dienst
geschieht um seiner selbst willen – immer hat er einen bestimmten Sinn oder einen bestimmten Zweck.

Dienst wird immer nötig sein, denn immer wird es Not geben, die nach Hilfe ruft, immer werden Ziele locken oder
notwendig werden, die nur durch hingebenden Einsatz zu
erreichen sind. Bewährte Formen des Dienstes werden immer wieder überholt werden müssen, weil die Situation
oder die Menschen sich verändern.

Zurüstung

Das Wort klingt militärisch. Die Vorstellung von Kampf
stellt sich ein. Wer kämpfen will, wer sich durchsetzen will,
der muß sich rüsten. Wer Widerstand oder Konkurrenz
oder Hinterhalt zu befürchten hat, muß gerüstet sein.

Ist der Dienst einem Kampf zu vergleichen, und muß ich mich darum rüsten? Ja, er ist ein Kampf. Zunächst ein Kampf mit mir selbst. Ich muß gegen meine Bequemlichkeit, meine Müdigkeit, meine Verzagtheit, meine Gleichgültigkeit, meine Blindheit und gegen Vorurteile kämpfen, die mich hindern, Menschen so zu sehen, wie sie sind, und ihnen unbefangen zu begegnen. Ich muß kämpfen gegen alle Entmutigung und gegen den Neid andern gegenüber, denen es besser oder müheloser gelingt, worum ich mich oft entsetzlich mühen muß. Ich muß kämpfen gegen die Geister der Überheblichkeit und des falschen Ehrgeizes. Ich muß kämpfen um Geduld, Verständnis und Humor für die, die mir meinen Dienst schwer machen.

Meine Gruppe wird in mancherlei Hinsicht gefährdet sein. Auseinandersetzungen werden mir nicht erspart bleiben. Ich werde um die Menschen ringen müssen. Ich werde es mit verständnislosen Elternhäusern zu tun bekommen. Sie werden mir die Schuld zuschieben für Folgen von Erziehungsfehlern, die sie selbst gemacht haben. Sie werden manchmal froh sein, in mir einen Sündenbock zu finden. Wir werden nie in einer sturmfreien Zone miteinander leben. Es wird gelegentlich Siege und sicher oft Niederlagen geben.

Wem soll ich eigentlich dienen?

Meiner Gruppe. Ja. Aber sie besteht aus einzelnen. Wenn ich sie kennenlernen will, muß ich sie beobachten, wie sie miteinander umgehen, was ihnen Spaß macht, wann sie sich zurückziehen, wann sie aggressiv werden. Ich muß mit ihnen auch einzeln reden, muß teilnehmen an ihren Sorgen und Nöten mit sich selbst, mit ihren Eltern und Lehrern, mit ihren Freunden und Freundinnen. Es ist wichtig, daß ich eine Vorstellung habe von ihrer Situation daheim, in der Schule. Vielleicht treffe ich auch einmal ihre Eltern und komme ins Gespräch mit ihnen – ich will ja nicht gegen die Eltern arbeiten.

Ich muß aufpassen, daß ich nicht von mir selber ausgehe, von dem, was ich denke und empfinde und für richtig halte. Ich muß auch respektieren, daß es Zeiten gibt, wo sie sich gar nicht so gern von mir in die Karten schauen lassen. Ich will mich ja nicht aufdrängen. Aber das kann ganz schön schwierig sein, immer zu merken, wann sie mich brauchen und wann sie mich grad nicht brauchen können. Schön wäre es, wenn wir Aufgaben entdecken könnten, die wir gemeinsam lösen können. Gemeinsam etwas tun, das verbindet. Aber ich muß sie für diesen Dienst vorbereiten. Vielleicht kann ich aus Fehlern anderer lernen. Vielleicht kann T. aus meinen Fehlern lernen:

Wir hatten in einer der Gemeinden, in der ich als Vikarin tätig war, die Gewohnheit, in der Adventszeit den Kranken in der Nervenklinik zu singen. Beim ersten Mal übte ich nur die Lieder gut ein. Es war mir einfach nicht klar, daß ich die Mädchen innerlich vorbereiten müssen auf die Situation in einer Nervenklinik. Wir sangen auch in den geschlossenen Abteilungen. Mit großen erschrockenen Augen blickten mich die Mädchen immer wieder an. Eine der Patientinnen begrüßte uns feierlich als Abordnung aus Amerika von der UNO. Wie sollten sie das einordnen und verstehen?

In den folgenden Jahren bat ich den Anstaltsgeistlichen vorher, uns zu erzählen, welche Menschen dort in der Klinik als Patienten seien. Er gab uns Informationen über das Erscheinungsbild verschiedener Geisteskrankheiten, über Neurosen und Suchtkrankheiten. Wir waren innerlich vorbereitet auf das, was uns in der Klinik erwartete. Jeder, der sinnvoll für einen anderen da sein will, muß eine Vorstellung vom andern haben. Er muß sich informieren, er muß sich bemühen, fragen. Menschen erschließen sich nicht leicht.

Die jungen Leute von heute

Sie machen es einem in dieser Hinsicht verhältnismäßig leicht. Sie sind von einer vielleicht manchmal schockierenden Offenheit, jedenfalls die, mit denen T. es zu tun hat. Für diese Jugendlichen bringt es wenig Vorteil, wenn sie sich anpassen. Ihre Chancen sind nicht groß – in keinem Fall. Sie lassen sich nicht gern ins Schlepptau nehmen für Dinge, die sie nicht einsehen oder die sie für überflüssig halten. Sie sind von einem gründlichen Mißtrauen gegenüber allen Organisationen und aller Autorität. Man imponiert ihnen nicht mit dem Pochen auf eine Stellung. Sie wollen einen Menschen sehen, und sie sehen sehr scharf und unerbittlich. Dabei nehmen sie einem Menschen, der sie überzeugt, auch Schwächen nicht übel. Sie nehmen es nur übel, wenn man die Schwächen zu vertuschen, zu verbrämen versucht. Sie nehmen nichts einfach ab. Ich stelle freilich fest, daß sie dem Fernsehen gegenüber von einer erschreckenden Kritiklosigkeit sind. Sie suchen immer nach etwas, wofür sie sich begeistern können, so wie Peter für alles, was zur Eisenbahn gehört, oder wie Udo sich für seine Versuche begeistert. Lebensfragen haben sie massenweise und Zukunftsängste auch, Glaubensfragen bewegen sie seltener. Sie wollen Rat, aber keine Belehrung. Sie brauchen immer eine offene Tür hinaus in die Freiheit. Und wenn schon Bindung sein soll, dann wollen sie nicht angebunden werden, sondern wollen die Freiheit, selbst zu bestimmen, wie fest und für wie lange sie sich binden wollen.

Welche Konsequenzen ergeben sich daraus?

T. steht nicht in der Gefahr zu gängeln, zu entmündigen, zu bevormunden oder zu überfordern. Eher hat sie eine Scheu, ihre Gruppenmitglieder zu fordern. Sie ist fähig, auf die Jugendlichen sehr stark einzugehen. Sie hat Schwierigkeiten, Grenzen zu setzen und unmißverständlich zu sagen, was sie will. Aber sie ist dabei, es zu lernen. Sie merkt, daß die Jugendlichen Grenzen brauchen. Sie ist bereit, ihre Erfahrungen zu überdenken und mit andern darüber zu reden. Und sie hat das Vertrauen ihrer Gruppe. Sie vertuscht auch ihr Versagen nicht und macht weder sich selbst noch andern vor, es sei alles in Ordnung. Selbstbeweihräucherung liegt ihr nicht.

Sie ringt darum, immer nach vorn zu blicken. Hoffnung ist in der Jugendarbeit lebensnotwendig. Sie gibt sie nicht auf. Sie ist überzeugt, daß Gott keinen aufgibt. Auch sie will niemand aufgeben. Ich habe beobachtet, daß sie auf sie hören, vor allem dann, wenn sie mit einzelnen redet. Aus ihrer Gruppe ist eine ganze Reihe jetzt beim Einführungskurs für Jugendarbeit. Morgen wird sie dort ihre erste Andacht halten. Sie hat sich viele Gedanken gemacht. Ihr liegt daran, die Botschaft der Bibel so weiterzusagen, daß man merkt: das ist etwas, was unser Leben betrifft. Sie hat erstaunt festgestellt, daß man sich viel intensiver mit Fragen und Aussagen beschäftigt, wenn man sie andern weitergeben muß.

Jede Gruppe hat ihre eigene Geschichte

T. hat ihre Gruppe nun ein Dreivierteljahr. Anfangs sagte sie immer: Wir sind noch gar keine Gruppe. Dann kam eine Zeit, in der sie glücklich war. »Ich glaube, jetzt wird eine Gruppe draus«, sagte sie. Inzwischen hat sie erlebt, daß manche ihre Rolle in der Gruppe erst finden müssen, und etliche sind auch weggeblieben, weil es nicht gelungen ist, ihnen zu zeigen, daß sie wichtig sind für die Gruppe. Es gibt manche, die sich immer aufspielen müssen, und Außenseiter, bei denen man immer auf der Hut sein muß, daß sie nicht plötzlich draußen sind. Krisen hat es auch schon gegeben. Wie gut, daß es Mitarbeiterbesprechungen gibt, wo man hört, was andere in solchen Krisen machen und wie sie sie angehen. Mit dem Spielen ist es auch so eine Sache. Es gibt leidenschaftliche Spieler in der Gruppe. Es gibt auch Spielverderber, und es gibt Leute, die absolut nicht verlieren können. Manche wollen am liebsten immer spielen, andere fühlen sich dabei einfach nicht wohl. Sie wollen Abwechslung. Es soll etwas los sein, sagen sie. Was, wissen sie nicht zu sagen. Sie wissen nur, was sie nicht wollen. Aber eines Tages werden sie so weit sein, daß sie wissen, was sie wollen. Dann werden sie es T. danken, daß sie mit ihnen durchgehalten hat. Sie haben sich selbst einen Namen gegeben, in dem der Name ihrer Kirche vorkommt. Sie fühlen sich zugehörig. Das ist so, auch wenn für die Gemeinde davon vielleicht wenig sichtbar wird. Ein paar halten Kinderkirche – und wenn man sie braucht, sind einige von ihnen immer da. Das ist bei den Jugendlichen nicht anders als bei den Erwachsenen.

Offener Brief an meine Konfirmanden

Liebe Konfirmanden,
Ihr werdet erwachsen. Ihr seid froh darüber. Aber manchmal fürchtet Ihr Euch auch davor. Was ist's, das Ihr Euch wünscht? Ist es das »Mehr«, das Euch lockt? Versteht Ihr das unter Erwachsensein: Mehr Rechte haben, sich mehr Freiheiten herausnehmen dürfen, mehr sagen können,

länger ausbleiben dürfen? Gelüstet es Euch nach mehr Erfahrungen mit Euch selbst und mit andern? Hofft Ihr auf ein Weniger? Auf weniger Autoritäten, weniger Einschränkung, weniger Vorschriften, weniger Aufsicht?

Vielleicht sieht unser Erwachsensein so aus, daß Ihr solche Hoffnungen habt? Wir Erwachsenen erfahren das Erwachsensein auch noch anders. Wir spüren mehr Verantwortung. Wir erfahren unsere Grenzen und wissen, daß wir sie respektieren und selber setzen müssen. Durch unsere Entscheidungen binden wir uns selbst. Wer mehr Erfahrungen hat, hat vielleicht mehr zu sagen, aber er wird auch vorsichtiger und bescheidener. Erwachsensein heißt doch wohl auch: besser zuhören können, besser wissen, was man sich und andern zutrauen kann, und wissen, daß wir vom Vertrauen leben und auf Vertrauen angewiesen sind.

Als Erwachsener muß man mit mehr Erfahrungen fertig werden, auch mit Enttäuschungen, mit Versagen, mit Schuld, mit Irrwegen und Irrtümern. Man muß die Zukunft mitbestimmen, die Vergangenheit bewältigen und die Gegenwart bestehen. Wir wünschen Euch, daß Ihr erwachsen werdet und das schön findet. Wir hoffen, daß wir miteinander erwachsener werden und daß auch unser Glaube in der Begegnung und in der Auseinandersetzung der Generationen wächst und daß wir Fortschritte machen im Vertrauen zu Gott und zueinander.

Wir müssen erwachsen werden, ob wir wollen oder nicht. Wir können nicht in den Kinderschuhen steckenbleiben. Als Erwachsene wachsen wir hinein in die Freiheit der Kinder Gottes. Gottes Ja geleitet uns durch alle Lebensphasen. Das kann uns die Offenheit geben für das Leben und für Gott und füreinander. Das kann uns die Angst vor dem Erwachsensein nehmen.

Ich wünsche Euch Gottes Segen auf Eurem Weg in die Fülle und in die Beschränkung des Erwachsenseins.

In der Nachfolge Jesu

In der Begegnung mit Jesus Befreiung zum Menschsein
(Lukas 7, 36 - 8, 3)

Der Pharisäer und seine Maßstäbe

Der Maßstab, an dem der Pharisäer alles mißt, ist das Gesetz Gottes. Das Gesetz regelt auch das sexuelle Leben des Menschen. Der Raum des sexuellen Lebens ist die Ehe. Was außerhalb der Ehe und ihrer Ordnungen geschieht, ist gesetzlos. Innerhalb der Ehe ist die Frau Besitz des Mannes. Ihr Wert wird nicht so sehr durch die Höhe der Brautgabe bestimmt als vielmehr durch die Anzahl ihrer Söhne. Eine Frau, die viele Söhne geboren hat, hat hohen Wert. Wer außerhalb der Ehe lebt als Frau, lebt im Raum der Rechtlosigkeit, der Schutzlosigkeit, der Gesetzlosigkeit. Wer als Frau seinen Körper verkauft, lebt dazuhin im Zustand ständiger Unreinheit. Denn der Geschlechtsverkehr verunreinigt den Menschen. So war die allgemeine Meinung.

Das Urteil des Pharisäers über die Dirne, die da so ungebeten in sein Haus eindringt, steht fest. In moralischer und in religiöser Hinsicht steht sie außerhalb der von Gott gesetzten Ordnungen. Sie steht unter Gottes Gericht. Das weiß der Pharisäer, und er prüft auch gar nicht nach, ob die Frau tatsächlich so ist, wie ihr schlechter Ruf einen glauben machen möchte. Der Pharisäer ist sich auch klar darüber, wie er sich dieser Frau gegenüber zu verhalten hat: Wer sich selbst an Gott und seine Ordnungen hält, kann mit ihr nichts zu tun haben wollen. In seinem Urteil über Jesus ist der Pharisäer noch unsicher. Jesus ist schwer einzuordnen. Einerseits ist es sicher richtig, ihm mit Respekt zu begegnen, mit dem Respekt, den man einem Lehrer, einem Rabbi entgegenbringt. Andererseits ist das Verhalten Jesu immer wieder anstößig. Er geht sehr eigenwillig mit dem Gesetz um, es kann ihm also nicht so ganz ernst mit Gott sein. Das gilt es jedenfalls zu überprüfen. Zurückhaltung ist geboten.

Ein Mensch gibt sich preis

Daß die Dirne (sofern sie wirklich eine ist) mit anderen Schaulustigen in das zum festlichen Mahl geöffnete Haus kommt, ist an sich nicht ungewöhnlich. Es gehört freilich schon eine gehörige Portion Mut und Unverfrorenheit dazu, sich vor andern zu zeigen, die sie doch kennen und ablehnen. Aber daran denkt sie in diesem Augenblick nicht. Sie ist gewohnt, ausgestoßen zu sein. Sie ist auch gewohnt, als eine Sache angesehen zu werden, als Konsumgut. Wer zu ihr kommt, sucht bei ihr seine eigene Befriedigung. Aber sie ist ja nicht nur eine Sache. Sie ist ein Mensch. Sie weiß, daß sie durch ihren Lebenswandel jeden Anspruch preisgegeben hat, als Mensch angesehen, beachtet oder geachtet zu werden. Aber sie kann in sich die Sehnsucht nach Anerkennung ihres Menschseins nicht unterdrücken.

Das würde bedeuten, daß sie sich selbst aufgeben würde. Sie sehnt sich danach, nicht genommen, sondern angenommen zu werden.

Sie kann von sich aus nicht mehr heraus aus ihrem Leben. Sie kann sich nicht selbst befreien. Dazu ist jemand nötig, der sie annimmt und gelten läßt, nicht weil er keine Ahnung hat, was für eine sie ist oder war, sondern weil sie ihm als Mensch wichtig ist.

In Jesus erkennt sie den, der nichts von ihr will wie die Männer, denen sie sonst in ihrem Leben begegnet. Er will nur eines: daß die Menschen, denen er begegnet, als Menschen fühlen, denken, handeln.

Deshalb läßt er es geschehen, daß sie ihre Not vor aller Augen preisgibt. Er entzieht sich ihr nicht, obwohl er weiß, daß sie ihn in ein schiefes Licht bringt. Sie gibt ihn dem Urteil des Pharisäers preis. Wer sich so verhält, der mißachtet die Ordnungen Gottes und damit Gott selbst. Denn die Erkenntnis paßt nicht in die Maßstäbe des Pharisäers, daß *der* Gott nicht achten kann, der den Menschen verachtet, und daß *der* Gott nicht liebt, der seinen Mitmenschen mit Ablehnung und Lieblosigkeit begegnet. Das gilt auch dann, wenn dieser Mitmensch außerhalb des Gesetzes, außerhalb der geltenden Ordnung lebt.

Zur Liebe befreit

Gefangene sind sie beide. Der Pharisäer ist der Gefangene seiner Maßstäbe. Die Frau ist die Gefangene ihres Lebens jenseits der Maßstäbe und Grenzen. Beide sind auf Befreiung angewiesen. Der Pharisäer muß befreit werden, damit er auch im Menschen, der jenseits der Grenzen und Ordnungen lebt, Gottes verzerrtes Ebenbild erkennen und lieben kann. Die Dirne muß befreit werden, um lieben zu dürfen mit ihrem ganzen Menschsein, damit sie sich hingeben kann, ohne sich preisgeben zu müssen. Der Unterschied zwischen beiden besteht darin, daß die Frau ihre Situation erkennt und anerkennt, der Pharisäer kennt seine wahre Situation nicht. Die Frau versteht Jesu Hilfe in ihrer Größe und Reichweite. Ihre Dankbarkeit ist überschwenglich. Der Pharisäer sieht sich in der Rolle dessen, der alles hat, der nichts braucht. Er braucht Jesus nicht, vielmehr: er meint, ihn nicht zu brauchen. Und doch braucht er ihn,

um auch denen begegnen zu können, die jenseits der Maßstäbe leben. Er braucht ihn, um zur Liebe befreit zu werden, zu einer Liebe, die den andern nicht festlegt auf seine
Vergangenheit, sondern ihm Chancen gibt – die Chance
des neuen Lebens, die aus der Begegnung mit Jesus
kommt.

Auch sein Leben würde darüber neu, auch er würde dabei
sein wahres, volles Menschsein gewinnen – denn Liebe,
das ist das wahre, volle Menschsein des Menschen.

Frauen als Mitarbeiterinnen

Jesus wurde auf seinem Weg nicht nur von Männern begleitet, die er sich selbst zu Jüngern berufen hatte. In seiner Nähe waren auch Frauen, denen durch ihn neues, be-
freites Leben geschenkt worden war. Die ihnen durch Jesus
geschenkte Freiheit von Krankheit oder Schuld oder Ver-
fehlung konnten sie nicht für sich behalten. Sie stellten ihr
Leben mit allem, was ihnen an Kräften und Möglichkeiten
gegeben war, in seinen Dienst. In seiner Nähe belastete sie
ihre Vergangenheit nicht mehr. Sie konnten sie hinter sich
lassen. Seine Gegenwart gab ihnen Kraft zur Bewährung
der ihnen geschenkten Freiheit.

Damit taten sich durch Jesus Möglichkeiten für die Frauen
auf, die ihnen seither verschlossen waren. Ein Miteinander
und Nebeneinander und Füreinander von Mann und Frau
tat sich auf, das beide nicht auf ihre Geschlechtsrolle fest-
legte, sondern sie vereinte in gemeinsamem Tun.

Damit begann der Weg zur Partnerschaft von Mann und
Frau. Partnerschaft kann nur dann verwirklicht werden,
wenn jeder die Freiheit hat, sich selbst mit seinen Gaben
und Grenzen in die gemeinsame Aufgabe einzubringen.

Ein Kapitel Kirchengeschichte:
Der Weg der württembergischen Theologinnen von den Anfängen bis heute

Die Zahl der Theologinnen in Württemberg, die jetzt im Ruhestand sind oder ihm mit gemischten Gefühlen entgegensehen, ist nicht groß. Sie haben ihren Weg einst als einzelne begonnen. Mit viel Mut zumeist, gegen zum Teil heftigen Widerstand der Angehörigen und trotz des Kopfschüttelns wohlmeinender Freunde. Da war immer auch die eigene Angst, ob die Kraft reichen würde, Schwierigkeiten zu ertragen, ob die eigenen Fähigkeiten ausreichen würden, sich durchzusetzen.

In ihrer jeweiligen Lebensgeschichte spiegelt sich der Weg unserer Landeskirche in den letzten Jahrzehnten. Wer verstehen oder auch nur gerecht urteilen will, muß ein wenig Rückschau halten auf diesen Weg.

Pioniersituation

Die Theologinnen in Württemberg blicken nun bald auf 65 Jahre Geschichte zurück. Die erste Theologin, Lic. theol. Lydia Schmid, begann im Jahr 1924 ihre berufliche Laufbahn am Königin-Katharina-Stift in Stuttgart. Dieser Anfang ist bezeichnend für die Pioniersituation. Sie durfte als Frau nur in Philologie, nicht aber in Theologie eine Prüfung ablegen. So schloß sie ihr theologisches Studium mit dem theologischen Lizentiaten ab. Den Theologinnen, die ihr in den kommenden Jahren folgten, wurde von der Kirchenleitung bedeutet, sie studierten auf eigene Verantwortung. Mit kirchlicher Anstellung könnten sie nicht rechnen. Diese Situation hat sich übrigens 20 Jahre später wiederholt. In meinem Examenssemester, im Wintersemester 1949/50, wurde die damalige Vertrauenstheologin, Frau

Pfarrvikarin Breuning, von der Kirchenleitung beauftragt, den in Tübingen studierenden Theologiestudentinnen nahezulegen, entweder ein Zweitstudium zu beginnen oder das Theologiestudium abzubrechen, da die Landeskirche keine Stellen für Theologinnen zur Verfügung habe. Der Oberkirchenrat war damals in einer schwierigen Situation. Neue Planstellen durften nicht geschaffen werden. Der Strom der Kriegsteilnehmer füllte die Lücken aus. Was das aber in der damaligen Situation – so kurz nach der Währungsreform – für uns und unsere Elternhäuser bedeutete, kann man wohl nachfühlen. Stipendien gab es nicht, und in meinem Fall waren da noch zwei Brüder, die auch studierten. Mich hat vor allem die Verfahrensweise damals empört. Die Theologinnen der älteren Generation freuten sich begreiflicherweise über ihren »Nachwuchs«. Und nun sollten sie selbst mithelfen, ihn zu liquidieren!

Aber kehren wir zurück zum Ende der zwanziger Jahre. Die damaligen Theologinnen durften schon ihre erste und später auch ihre zweite theologische Dienstprüfung ablegen. Sie mußten dabei natürlich auch eine Predigt halten. Aber sie trugen keinen Talar und durften auch die Kanzel nicht besteigen. Das Predigtamt wurde als ein männliches Amt verstanden, das dem Mann vorbehalten ist. Die Frau durfte eine dienende Funktion haben, aber keine herrschende. Daß die Predigt selbst Dienst ist – diese Erkenntnis hat sich erst langsam durchgesetzt – in dem Maß, in dem die patriarchalischen, männlichen Strukturen unserer Gesellschaft und unserer Kirche als etwas Vorläufiges, Geschichtliches und nicht Endgültiges verstanden wurden.

Aber solche Erkenntnisse brauchen Zeit. Es muß Lehrgeld für sie bezahlt werden. Das ist unvermeidlich und geschieht auf vielen Gebieten. Für die Theologin gab es kein vorhandenes Amt wie für den Theologen. Wie sollte man sie nennen? Welche Aufgaben sollte man ihr übertragen?

Die Dienstbezeichnung lautete: »Höher geprüfte kirchliche Religionslehrerin«. Der Aufgabenbereich umfaßte Religionsunterricht, Mädchenkreise, Frauenbibelstunden, Kinderkirche, Gemeindebesuche. Das Herzstück des pfarramtlichen Dienstes fehlte: Predigtdienst, Sakramentsverwaltung, Beerdigungen, Trauungen. Das war belastend.

Ehelosigkeit

Ein Teil der Theologinnen heiratete und schied damit automatisch aus dem kirchlichen Dienst aus. Die Doppelbelastung durch Beruf und Familie schien untragbar. Die Ehemänner waren damals auf Partnerschaft auch in wirtschaftlicher und hauswirtschaftlicher Hinsicht nicht vorbereitet. Ein »rechter« Mann hielt es für unter seiner Würde, seiner Ehefrau im Haushalt oder bei der Kindererziehung zu helfen. Natürlich gab es Ausnahmen. Aber der Lernprozeß, der das Verständnis der Ehe und der Rollen von Mann und Frau veränderte, setzte erst ein. In kirchlichen Kreisen verlief er mühsam. Hatte der Mann nicht eine vorgegebene Rolle: die, »Haupt« zu sein? Und lag nicht auch die Rolle der Frau fest: sie war eine »Gehilfin«. Man interpretierte beides nach der patriarchalischen Tradition. Die Frau war dem Mann untergeordnet.

Die im Dienst verbleibenden Theologinnen verpflichteten sich damit zur Ehelosigkeit. Das geschah nicht nur deshalb, weil es rechtlich gar keine andere Möglichkeit gab. Das Studium war ihnen von ihren Eltern ermöglicht worden, unter erheblichen Opfern in der wirtschaftlich schwierigen Zeit der zwanziger Jahre. Sie hatten nicht die Freiheit, ihre Familien auch noch um eine Aussteuer zu bitten. Eine Aussteuer war aber damals noch eine der Grundvoraussetzungen für eine Eheschließung. Außerdem hatten diese Frauen ihren Beruf bewußt gewählt. Sie liebten

ihn. Es wäre ihnen sehr schwer gefallen, ihn wieder aufzu-
geben. War dieser Beruf aber eine Entscheidung fürs Leben, dann hing mit ihm auch die Frage der Lebenserfüllung, des Lebensglücks und des Lebenssinnes zusammen.
Es kam nicht nur darauf an, voll beschäftigt zu sein. Arbeit
läßt sich in der Kirche immer genügend finden. Aber die
Arbeit mußte als sinnvoll und wichtig angesehen werden
können. Die Frauen mußten das Bewußtsein haben, wichtig und erwünscht zu sein. Die Theologinnen, die sich
nicht einer Spezialaufgabe zuwandten (Religionsunterricht, Mitarbeit in den kirchlichen Werken oder Einrich-
tungen der Kirche oder der Inneren Mission), sondern in
den Pfarrgemeinden arbeiteten, waren stark auf ihre eigene Initiative angewiesen. Die gesuchte Befriedigung
hing weithin vom eigenen Einsatz, von der eigenen Demut,
von der eigenen Anpassungsfähigkeit ab. Wichtig war, daß
es der Theologin gelang, ihrer Arbeit eine eigene, unver-
wechselbare Note zu geben. Es gab eben kein Amt, das genügend Tragkraft hatte. Die Tragfähigkeit mußte von der
Persönlichkeit der einzelnen ausgehen.

Bewährungsprobe in der Ausnahmesituation

Im Dritten Reich sah es zunächst so aus, als würde das
Theologiestudium für Frauen überhaupt verboten. Die
Frau sollte »an den Herd« zurückgeholt werden. Aber diese
Gefahr des Verbots des Studiums wurde rasch gebannt. Im
Kirchenkampf bildeten sich ganz neue Fronten. Entschei-
dend war dabei nicht mehr das Geschlecht, sondern theologisches und politisches Gespür. Der Zweite Weltkrieg
brachte eine Bewährungsprobe besonderer Art für die
Theologinnen. Die Vertrauenstheologin rief ihre Kolleginn-
nen zusammen, um mit ihnen zu beraten, wie sie sich verhalten sollten, wenn die Kirchenleitung oder Gemeinden

an sie mit der Bitte um Übernahme von Gottesdiensten oder gar um Leitung einer Pfarrgemeinde herantreten würden. Die Theologinnen waren sich einig, daß sie sich einer solchen Bitte nicht verweigern dürften. Das nötige Rüstzeug hatten sie in ihrem Studium ja mitbekommen. Ein Erlaß vom 26.3.1942 ermächtigte die Dekanatämter, »über die Dauer der derzeitigen Kriegsnotlage in der pfarramtlichen Versorgung der Gemeinden« auch »Pfarrgehilfinnen« zur Durchführung der sonntäglichen Gemeindegottesdienste heranzuziehen.

Von dieser Erlaubnis wurde Gebrauch gemacht. Etliche Theologinnen in Württemberg versahen ein volles Pfarramt zur vollen Zufriedenheit der Gemeinden. Sie hätten ihre »Pfarrerin« auch nach dem Krieg gern noch behalten. Der Dienst während des Krieges war in jeder Hinsicht besonders belastend: Trauergottesdienste für Gefallene häuften sich, Fliegeralarme unterbrachen die Gottesdienste, Bombenangriffe stellten vor große menschliche oder organisatorische Probleme – ganz zu schweigen von den Erschwerungen durch Hunger und desolate Verkehrsverhältnisse. Aber menschlich war man sich sehr nahe in jener Zeit. Man suchte bei der Kirche Rat, Trost, Hilfe, Verständnis, man suchte Menschen. Damals war es völlig klar, daß die Vollmacht, die ein Pfarramt braucht, nicht ans Geschlecht gebunden ist.

Lernprozeß

Nach dem Krieg sah sich der Landeskirchentag genötigt, den Dienst der Theologinnen gesetzlich zu regeln. Das geschah im Jahre 1948. In der Präambel des Theologinnengesetzes wurde ausdrücklich gesagt, »das geordnete öffentliche Predigtamt« sei »Aufgabe des Mannes«. Das wurde biblisch begründet mit 1. Kor. 11, 3; 1. Kor. 14, 33-38; 1. Tim.

2, 11-15. Die Aufgabe der Theologin wurde so beschrieben:
»Verkündigung vor Frauen und Mädchen in Predigt, An-
dachten und Bibelstunden, Christenlehren für Töchter und
Dienst in der Kinderkirche.« Was im Krieg möglich gewesen war – die Leitung einer Gemeinde durch eine Frau –
wurde als »Ausnahmesituation« bezeichnet. Man kann
sich unschwer vorstellen, wie demütigend und belastend
das für die Theologinnen war. Hatten sie ein Unrecht be-
gangen, als sie in der Notsituation in Vertrauen und Glau-
bensgehorsam ihre Kräfte bis zum äußersten erprobt und
bewährt hatten? Warum sollten sie die Vollmacht, die ihnen in der Ausnahmesituation gegeben worden war, nun
nicht mehr erwarten und erhoffen dürfen? Es gab die Klau-
sel, daß der jeweils zuständige Kirchengemeinderat den
Predigtdienst der Theologin beschließen und vom Oberkirchenrat genehmigen lassen könne. Es kam also auf das Verständnis und die Großzügigkeit des jeweiligen Kirchenge-
meinderates an, ob eine Theologin predigen durfte oder
nicht. Es kam auf das Geschick, die Klugheit, das Durchset-
zungsvermögen, die Belastbarkeit der einzelnen an. Ent-
scheidend war die Haltung des jeweiligen Dienstvorgesetz-
ten, seine Bereitschaft zu partnerschaftlichem Verhalten
und Denken. Es kam auf die Kollegen und ihr Selbstwertgefühl an, ob sie sich durch den Dienst der Kollegin bedroht oder bereichert fühlten.
Immerhin verschaffte das neue Gesetz von 1948 die beam-
tenrechtliche Anstellung und im Lauf der Zeit auch die den
Männern angeglichene gehaltliche Einstufung. Die obliga-
torische Geschäftsordnung regelte den Dienst und be-
wahrte die Theologin vor Überbeanspruchung. Allerdings
konnte die Geschäftsordnung nicht verhindern, daß die
Theologin in der Regel mehrere »Herren« hatte: den Dekan, den Schuldekan, die Bezirkssynode, den Gesamtkir-
chengemeinderat. Da die Arbeit meist überparochial und

sehr vielfältig war, konnte man oft die mit einem Unterton des Vorwurfs oder des Mißtrauens vorgebrachte Frage hören: »Was tut die eigentlich?«

Die notwendigen Lernprozesse brauchten ihre Zeit. Aber an vielen Stellen wuchs die Bereitschaft, die Situation der Theologin zu erfassen. Dazu mußten viele Hürden genommen werden: Die Verheirateten hatten gegenüber der unverheirateten Frau Vorurteile, die Hausfrauen beargwöhnten die Berufstätigen, die Pfarrfrauen hatten Bedenken, waren ängstlich und begreiflicherweise eifersüchtig, da sie für ihre oft umfangreichen Dienste im Pfarrhaus und in der Gemeinde nicht bezahlt wurden, die Männer mußten sich erst an die veränderte Rolle der Frau im Beruf, der Frau als Kollegin, gewöhnen, die Gemeinden fürchteten, eine Frau könne nicht sachlich sein. Solche Lernprozesse sind in der Regel schmerzhafte Prozesse. Schmerzen gab es dabei nicht nur auf der Seite der Theologin. Die Voraussetzung für diesen Lernprozeß war, daß das Evangelium Freiheit gibt, in ihn einzutreten. Hat Gott auch der Frau Gaben gegeben, die schließlich auch die Leitung einer Gemeinde möglich machen? Kann »das Amt, das die Versöhnung predigt«, auch einer Frau übertragen werden? Kann man die Angst überwinden, ihr Amt könne eine Anmaßung sein und sie ein Mietling, weil ihr die Vollmacht fehlt? Mußte man nicht unter Berufung auf Aussagen des Apostels Paulus diesen ganzen Lernprozeß verhindern? Nur durch gründliche theologische Arbeit konnte das Umdenken ermöglicht und begründet werden. Dank der Initiative von Pfarrvikarin Volz in Stuttgart-Bad Cannstatt (Pfarrvikarin war damals der Amtstitel für ständige Theologinnen) und dank der theologischen Mitarbeit von Kolleginnen und Kollegen, von Universitätsprofessoren (besonders Professor Lang in Tübingen), dank des besonderen Einsatzes des Vertrauensdekans der Theologinnen, Dekan Weber in

Stuttgart-Bad Cannstatt, dank der Vorarbeit von Rechtsanwalt Dr. Schaudt, dank des Verständnisses des Oberkirchenrats und der Kirchenleitung, dank des Interesses einer großen Anzahl Synodaler und vor allem des damaligen Präsidenten der Synode, Landrat Klumpp aus Tübingen, gelang es, im Jahr 1968 das neue Theologinnengesetz zu verabschieden.

Das verheißene Land sehen und doch nicht mehr hineingelangen

Dieses Gesetz ermöglichte den Zugang zum Gemeindepfarramt. Für Angehörige meiner Generation, die ihr Studium gegen Ende des Zweiten Weltkriegs oder gleich nach dem Krieg begannen, kam dieses Gesetz noch rechtzeitig genug. Wir konnten von der gebotenen Möglichkeit noch Gebrauch machen. Wir mußten es nicht. Die meisten unserer älteren Kolleginnen konnten die Möglichkeit nicht mehr ergreifen. Sie hatten die Vertrauensbasis geschaffen, die für die Entstehung des Gesetzes unerläßlich war. Wir leben von dem Kredit, den sie uns erworben haben. Sie haben ihre Kräfte verbraucht auf ihrem Weg des Widerstands und der Ergebung. Manche von ihnen werden erleben, was immer wieder »Mütter« mit ihren »Töchtern« erleben: sie danken ihnen nicht oder doch nicht genug. Sie gehen ihren eigenen Weg. Sie schauen nur nach vorwärts und kümmern sich wenig um das, was zurückliegt. Auch dieser Schmerz ist wohl unvermeidbar.

Unsere älteren Kolleginnen haben ihre Kräfte verbraucht auf einem Weg des Leidens, das sicherlich geschichtlich nicht verhindert werden konnte. Es wurde oft verursacht durch menschliche Unreife, menschliche Unfähigkeit, menschliche Rechthaberei. All das war deshalb oft besonders schwer zu ertragen, weil diese Unzulänglichkeit im-

58

mer wieder fromm verbrämt oder theologisch gerechtfertigt wurde. Vor allem feinsinnige, sensible, verletzliche Menschen tragen oft Wunden davon, deren Spuren nicht mehr verwischt werden können. Die Narben sind sichtbar! Sie verschließen ihre Erfahrungen oft in sich selbst, sie teilen ihr Leid nicht, und sie teilen es auch nicht mit. Sie brauchen nicht unser Mitleid – das würde sie erniedrigen. Sie brauchen unsere Achtung.

Es gehört Seelengröße dazu, wenn einer neidlos zusehen kann, wenn andere ohne Kampf und wie selbstverständlich von dem Ort ausgehen, den man sich selbst als Ziel setzte und nicht erreichen konnte. Es gehört Seelengröße dazu, wenn man voller Interesse den »Weg der Jungen« mitverfolgt und sich mit seinem Rat und seiner Erfahrung offenhält für die Probleme dieser »Jungen«.

Solcher Seelengröße begegnen wir in einem erstaunlichen Ausmaß bei unseren älteren Kolleginnen. Sie ist ein starkes Bollwerk gegen jede Form von Isolierung. Eine Voraussetzung für diese Seelengröße ist, daß unser vergeßliches Zeitalter bereit ist, nicht zu vergessen. Wir – die Nachgeborenen – sollten bereit sein, nicht nur den Erfolg unserer Vorgängerinnen zu benützen, sondern auch ihre Last zu sehen und zu teilen. Schon unser Interesse für ihre Geschichte wäre ein Beitrag dazu.

Gedanken zum Thema: Reifen

So hat unser Reifen begonnen: Im Leib unserer Mutter sind wir dem Tag entgegengereift, an dem wir das Licht der Welt erblickten. Es war nicht nebensächlich für uns, ob sich unsere Mutter in dieser Zeit wohl fühlte, oder ob sie elend war, ob sie sich auf unser Kommen freute, oder ob sie sich davor fürchtete. Es war wichtig, ob unsere Eltern bereit waren, uns so anzunehmen, wie wir sind, oder ob sie sich bestimmte Vorstellungen machten, denen wir entsprechen sollten.

Was reifen soll, braucht Wurzelgrund, braucht Nahrung, braucht Schutz. Was reifen soll, braucht Regen, Sonne, Wind und Widerstandskraft gegen Gefahren, die das Wachstum bedrohen. Das gilt auch für unser menschliches Reifen an Leib und Seele. Der Wurzelgrund: Grundvoraussetzung für unser Reifen ist die Tatsache, daß wir angenommen werden, wie wir sind, daß wir Liebe erfahren und Geborgenheit. Es muß da jemand sein, der uns gut ist. Dann haben wir auch die nötige Widerstandskraft. Ohne die Grunderfahrung der Liebe verkümmern wir.

Reifen ist ein lebenslänglicher Prozeß. Er ist nie abgeschlossen. Reifen braucht Zeit. Ungeduld beschleunigt das Reifen nicht. Sie hindert es nur. Das Wartenkönnen ist ein Zeichen menschlicher Reife. Wer nicht warten kann, wirkt unreif, auch wenn er dem Alter nach längst reif sein müßte. Aber es gibt unter uns Spätentwickler. Reifen braucht unterschiedlich viel Zeit. Unser menschliches Reifen vollzieht sich in Schritten, in Stufen, in Phasen. Wir können keine Stufe überspringen. Wir können uns keine Phase ersparen.

Der Übergang von einer Lebensphase zur andern vollzieht sich meist nicht unmerklich, sondern in Krisen, in inneren und äußeren Auseinandersetzungen, in Kämpfen, die von Ängsten begleitet sind.

Wir sträuben uns oft gegen das Reifen. Die Lebensphase, der wir entwachsen, kennen wir, die neue müssen wir erst kennenlernen; daher die Angst.

Wir reifen in unserer ganz persönlichen Lebensgeschichte mit ihren Erfahrungen. Oft sind es gar nicht die erfreulichen Erfahrungen, die uns reifer machen. Wer einem andern unerfreuliche Erfahrungen ersparen will, hält ihn unter Umständen auf einer Lebensstufe fest, aus der er hinauswachsen sollte.

Wir müssen zum Beispiel am Widerstand reifen. In der Zeit, in der wir entdecken, wie herrlich es ist, »Nein« sagen zu können, müssen wir auch lernen, daß andere auch »Nein« sagen und daß einmal der eine nachgeben muß und einmal der andere. Wer uns vor allen Schwierigkeiten bewahren, wer uns alle schweren Gänge abnehmen, wer uns alle Konflikte ersparen will, der tut uns einen schlechten Dienst. Wer uns einfach uns selbst überläßt, fördert uns freilich auch nicht. Zum Reifen gehört, daß man seine Kräfte erprobt, seine Grenze erfährt und erweitert. Wer sich nie hat behaupten müssen, wer nie versucht hat, gegen den Strom zu schwimmen, der bleibt abhängig, unselbständig, anlehnungsbedürftig. Er erfährt nicht, wieviel Kraft in ihm selbst steckt oder wieviel Kräfte uns zuwachsen können. Wie sollte ein Mensch lernen, Verantwortung zu übernehmen und zu tragen, wenn man ihm nie etwas zugetraut oder zugemutet hat? Wer nie sagen durfte: »Ich denke, ich meine, ich glaube«, der findet nicht zu eigener Überzeugung, er kann nur nachsprechen, was die andern sagen. Er hat selbst nichts zu sagen. Die Fähigkeit zu eigenem Urteil gehört zu einem reifen Menschen. Wer nie gelernt hat, sich Wünsche zu versagen, wie sollte der fähig sein, mit einem anderen Menschen zusammenzuleben?

Unser Reifeprozeß hat nicht nur das Ziel, uns zu einer abgerundeten Persönlichkeit zu machen. Als Reifende sind wir Partner. Als reife Partner erweisen wir uns, wenn wir an den andern keinen strengeren Maßstab anlegen als an uns selbst, wenn wir von ihm nicht mehr fordern als von uns selbst, sondern wenn wir herausfinden, mit welchen Erwartungen und Forderungen wir ihm gerecht werden und wie wir ihm helfen können, seine Möglichkeiten zu entdecken und zu entfalten. Er hat dasselbe Recht auf Leben, auf Glück und aufs Heil wie wir.

Wir reifen unser Leben lang. Wir erreichen in unserem Leben verschiedene Reifegrade – unabhängig von der Zahl unserer Jahre. So verschieden wir sind – für all unser Reifen gilt: es ist ein Fragment. Die Ernte bringt Gott ein. Er vollendet, was keiner von uns vollenden kann.

Wir reifen unter Schmerzen, in Verlusten, in Belastungen, in Erfolg und Mißerfolg, in glaubendem Hoffen, in Vertrauen, in Offenheit, in tätiger Bereitschaft und in geduldigem Ausharren und in einer Zuversicht, die nichts zerstören kann, wenn sie in Gott verankert ist.

Unser ist das Reifen – sein die Vollendung.

Wider das Wörtlein »nur«

Der Lobgesang der Maria (Lukas 1, 46-55)

Mutter und Magd – erwählt zur Mitarbeiterin Gottes

Lobgesang der Maria. Lobgesang einer Frau, die ganz in ihrer Rolle bleibt und doch ganz aus der Rolle fällt.
Sie bleibt in ihrer Rolle: sie empfängt ein Kind und wird Mutter – wie Millionen Frauen vor und wie Millionen nach ihr. Und doch wird ihr als Frau und Mutter eine einzigartige Rolle zugemutet. Sie soll ein Kind zur Welt bringen, das nicht ihr, der Mutter, gehört. Das ist noch nichts Außerordentliches. Das gilt von allen Kindern und ist das Schicksal aller Mütter. Aber dieses Kind wird auch nicht sich selbst gehören, sondern der ganzen Welt. Das ist außerordentlich. Es ist eine außerordentliche Zumutung für diese Frau, das zu verstehen und anzunehmen. Dazu braucht sie einen besonderen Mut und eine Freiheit zum Verzicht. Früher nannte man diesen Mut und diese Freiheit Demut.
Maria sagt Ja zu ihrer Mutterrolle in einem Augenblick, in dem sie noch über keinerlei Erfahrungen verfügt. Und sie sagt Ja zu dem besonderen Schmerz, der ihr zugefügt wird, weil sie von Anfang an dieses Kind hergeben muß an sein unvergleichliches Leben.
Indem sie die ihr zugedachte und zugemutete Rolle annimmt, wächst sie zugleich in eine ganz neue hinein – in eine Rolle, die für die damalige Zeit und für die jüdische Welt, in der sie lebt, revolutionär ist. Sie wird zur Predigerin. Ganz unmittelbar findet sie zu einem neuen Verständ-

nis ihrer eigenen Person und zu einem neuen Verständnis der Geschichte.

»Er hat die Niedrigkeit seiner Magd angesehen« – das sagt sie von sich selbst. Er – Gott – hat sie, die Frau, unmittelbar einbezogen in sein Handeln. Er macht sie zu seiner Mitarbeiterin. Welch eine Rolle für eine Frau, unmittelbare Mitarbeiterin Gottes zu sein! Welch eine Umwälzung im Verständnis der Rolle der Frau. Wenn Gott sie zu seiner Mitarbeiterin macht, kann der Mann sie nicht länger als sein Eigentum betrachten, dann kann auch er sie nur noch als seine Partnerin verstehen. Als seine Partnerin ist sie fähig, vor Gott und zu den Menschen hin, zu der Gemeinde aus Männern und Frauen zu sprechen und ihr neues Verstehen in Worte zu fassen. Dieses Verstehen umgreift die ganze Weltgeschichte. Es blickt auf das wechselhafte Spiel von Glück und Unglück, Aufstieg und Niedergang, Reichtum und Armut und sieht in diesem Spiel Gott am Werk. Aber da fangen, wenn wir ehrlich sind, unsere Schwierigkeiten an. Die Hungrigen sterben, die Gewaltigen bleiben viel zu lang auf ihrem Thron. Und der Aufstand der Unterdrückten ersetzt Gewalt nicht durch Recht. Die Reichen werden immer reicher und scheinen die bevorzugten Glückskinder Gottes zu sein. Die im Dunkel hat er wohl inzwischen vergessen?

So hat Maria vielleicht nur für ihre Zeit und zu ihrer Zeit hin gesprochen? Oder hat sie sich mit ihren Worten übernommen? Sie sprach zweifellos mehr aus, als sie im Augenblick selbst verstehen konnte. Sie griff mit ihren Worten dem Geschehen vor, indem sie es deutete, noch ehe es geschah.

Ihr Lobgesang deutet das, was sich im Leben und Sterben ihres Kindes vollziehen wird. Er, Jesus, ist es, der Gewalt durch Liebe und Recht besiegt, er ist es, der die Hungrigen satt macht, indem er zu ihnen kommt und ihr Leben mit ihnen teilt. Er läßt die leer, die an sich selbst oder an ihrer Frömmigkeit genug haben. Er setzt sich zu denen, die die Anständigen seiner Zeit meiden. Er spricht mit denen, die für die andern nur Luft sind. Er sprengt die Grenzen, die sonst sorgsam gehütet und bewacht werden. Er wird zum Grenzgänger aus Liebe.

Sie aber, Maria, seine Mutter, wird ihn »haben«, so wie ihn alle andern auch haben werden: wenn sie auf alle Ansprüche verzichtet und sich von ihm geben läßt, was er auch für sie hat: Leben – Leben aus Gott! In ihrem Lobgesang spricht sie dazu ein ihr selbst in seiner Tragweite nicht bewußtes Ja, ein in seinem Sinn noch verschlossenes: »Mir geschehe, wie du gesagt hast.«

Wir aber – wir Frauen und Männer in unserer Zeit und in unseren vielfältigen Rollen, wie finden wir zu dem Lobgesang, der den Sinn ergreift und enthüllt? Sicher nicht, indem wir nur zurückblicken auf die großen Taten Gottes in der Geschichte. Sicher nicht, indem wir diesen Lobgesang der Maria einfach wiederholen und hersagen wie ein Gedicht. Wir finden zu unserem Lobgesang nur, indem wir die uns in unserer Zeit zugemutete Rolle übernehmen. Welches aber ist diese Rolle?

Es ist die, Gottes Mitarbeiter zu sein in unserer Zeit. Durch uns will er das in Jesus von Nazareth begonnene Werk fortsetzen. Wir sind es, die die Hungrigen mit Gütern füllen sollen. Wir sind es, die darüber nachzudenken haben, wie heute Gewalt durch Recht ersetzt werden kann und wo bei uns Recht in Gewalt verkehrt ist. Wir werden beim Nachdenken nicht stehenbleiben dürfen. Das Denken wird uns zum Verstehen helfen, und aus dem Verstehen wird das Handeln erwachsen müssen. Die Formen solchen Handelns müssen heute immer neu gefunden werden, und wir werden ihrer vermutlich nie zu lange sicher sein können, weil sich in unserer Zeit die Verhältnisse viel zu rasch ändern. Es werden gewaltlose Mittel sein müssen: Demonstrationen, Eingaben an den Bundestag, Boykott, Einsatz für Menschen, denen Rechte vorenthalten werden.

Lobgesang in unserer Zeit – das wird das Einverständnis sein, daß wir gefordert sind. Gefordert aber sind wir auf verschiedene Weise – als Redende, als Schweigende, als Handelnde, als Protestierende und als solche, die ausharren in Strukturen, solange sie noch einigermaßen sinnvoll sind und zum Leben helfen.

Die Rolle der Frau – unsere Rolle müssen wir immer wieder neu finden. Sie anzunehmen fordert Mut und auch die Demut, die darin ihren Grund hat, daß unsere Rolle immer nur ein Teil ist – ein Part – wir sind Partner und nicht Alleinherrscher. Wir würden die Welt nicht beglücken, wenn wir die Alleinherrschaft des Mannes ablösen wollten durch eine Alleinherrschaft der Frau! Wir sind zur Partnerin bestimmt auf den vielfältigen Feldern unserer Wirklichkeit. Loben werden wir dabei nicht uns selbst – so wenig wie Maria. Loben können wir nur den, der uns noch immer neue Chancen und Anfänge gibt, auch dann, wenn wir unsere Rolle schlecht gespielt oder gar bis zur Stunde ausgeschlagen haben.

Impressionen aus dem Leben meiner Mutter

Die Welt von oben betrachten

In der Ebene zu wohnen – das wäre zwar gut für die Füße, denen das Steigen schwer fällt. Aber es war doch nicht unserer Mutter Fall. Sie hatte immer die Berge in ihrer Nähe. Zuerst war's die Teck, dann der Wasserberg, dann der Muckberg, dann die ganze Albkette. Die Teck war das erste Ausflugsziel für die kleine Mageth, als sie noch kaum gehen konnte. Wie stolz war sie damals, als sie es geschafft hatte und der Vater sie auf die Schultern nahm. Kirchheim lag unten und die Menschen sahen aus wie ganz kleine Püppchen.

Schön ist's, die Welt von oben zu betrachten. Man hat einen weiten Blick und kann vieles überschauen. Der Lärm dringt nicht herauf. Es kann einem gleichgültig sein, was die Menschen dort unten bewegt. Kühl bis ans Herz hinan kann man sie beobachten, wie sie hastig hin und her eilen, als ginge ihnen etwas verloren, wenn sie sich mit Ruhe und Gelassenheit bewegten.

Schön ist es oben. Man sieht vieles, was einem sonst verborgen bleibt. Gut ist die Luft und frei der Kopf.

Aber dann zieht's einen doch wieder hinunter. Man gehört dahin, wo der Lärm ist, wo man hört, was sie sagen, und wo man sieht, wie es ihnen ums Herz ist, und wo einem selber das Herz oft schwer ist und der Kopf schwirrt.

Aber bisweilen, da muß man hinauf auf die Teck, auf den Feldberg, aufs Nebelhorn, um die nötige innere Distanz zu behalten, um einen freien Kopf und ein mutiges Herz zu bewahren.

Man kann die Welt nicht nur von oben betrachten. Aber man muß auch wissen, wie sie aussieht – von oben.

Großmutter seufzt

Klagen ist nie ihre Sache gewesen. Hatte sie Schmerzen, dann sagte sie, nach ihrem Befinden gefragt, höchstens: »Danke, es geht ganz gut!« Dann wußte man Bescheid. Später, als das Gehen immer mühsamer wurde, sagte sie: Danke, 's geht!« Und man wußte wieder Bescheid. Die äußerste Steigerung war: »Ha, 's geht nicht so arg gut.« Dann war es jeweils Zeit, sich ernsthafte Sorgen zu machen. Klagen war nie ihre Sache.

Seufzen tat unsere Mutter beim abendlichen Spiel. So konnte man beim Canasta hören: »Mmm, ich hab' gar keine Beikarte.« Dann wußte man nicht so ganz Bescheid. Die vier Zweier, die sie auf der Hand hatte, zählten dann vielleicht nur nicht. Einen Joker hatte sie freilich nicht.

»Mmm – ich komm' nicht raus« – das konnte auch bedeuten: ich kann noch nicht Schluß machen. Ich will aber erst »raus«, wenn ich alle Karten auf einmal ablegen kann.

Wie gesagt, man konnte da nie sicher sein. Meistens gewann sie dann, wenn sie am meisten jammerte. Eine seufzende Mutter beim Spielen war darum nie so ganz ernst zu nehmen. Wir Kinder wußten das, und die Enkel lernten es auch.

Das, meine ich, ist Lebenskunst: Das Spiel ernst zu nehmen, so ernst, daß man über ungünstige Kartenkonstellationen seufzen muß, dem Ernst des Lebens gegenüber aber sich so zu verhalten, daß andere den Eindruck bekommen, man nehme den Schmerz und die Last des eigenen Lebens leicht und nur der andern Last und Schmerzen seien von Gewicht.

Aus

Ein paar Jahre vor ihrem Tod stürzte unsere Mutter sehr unglücklich. Weil ihr Hüftgelenk steif war, konnte sie sich nicht abfangen und fiel sehr hart auf den gefrorenen Boden. Sie zog sich einen komplizierten Oberarmbruch zu und mußte wochenlang liegen. Sie hatte sich unseligerweise den Arm gebrochen, auf den sie sich beim Gehen mit dem Stock stützte. In der langen Liegezeit versteifte auch das zweite Hüftgelenk. Sie konnte nur noch ganz mühsam gehen. Jede Unebenheit wurde zum unüberwindlichen Hindernis.

Das geliebte Klavier ruhte. Das war ganz ungewohnt. Die

Musik gehörte zu ihrem Leben. Sie war einmal eine sehr begabte, vielversprechende Pianistin gewesen. Als sie unseren Vater heiratete, Pfarrfrau und Mutter von fünf Kindern wurde, spielte sie nur noch zum Hausgebrauch oder bei Gemeindeveranstaltungen. An zwei Klavieren mit unserem Vater zusammen oder vierhändig. Es gab erlesene Hauskonzerte. Da wir immer viele Besuche hatten, kamen wir oft in den Genuß, unsere Mutter spielen zu hören. Beim Klavierspielen war sie in ihrem Element. Da merkte man, wieviel Temperament, wieviel Kraft und Leidenschaft, wieviel Leichtigkeit und Zartheit in ihr steckte und wieviel Fähigkeit zur Hingabe. Schubert oder Mozart, Bach oder Reger, Brahms oder Bruckner, das perlte nur so, und ihr Piano war von einer unbeschreiblichen Süße.

Wochen nach der Operation wagte sie sich zum ersten Mal wieder ans Klavier. Die Finger griffen daneben. Sie gehorchten ihr nicht mehr. Die Hand ließ sich nicht mehr zur Oktave spannen. Sie sah auf die Noten, auf ihre Hand, auf uns, schloß den Klavierdeckel und sagte nur ein einziges Wort: »Aus!«

Sie hatte mit ihrem Spiel lange Jahre hindurch viele erfreut. Die Musik war ihr Leben. Sie konnte selber keine Musik mehr machen. Aber das Hören blieb. Sie klagte nicht.

Die Familientante

Sie hätte ein Denkmal verdient. Aber, lebte sie noch, sie würde wohl verwundert vor ihrem Denkmal stehen und dann kopfschüttelnd dran vorübergehen. Sie hätte ein Denkmal verdient. Ob es meinen Worten gelingt, ihr ein Denkmal der Dankbarkeit zu setzen?

Kinder lagen ihr immer besonders am Herzen. Sie wurde Säuglingsschwester. Ihre Hände waren behutsam und fest,

69

zart und zärtlich. Und sie konnten zupacken. Wahrscheinlich hätte sie gern Musik studiert – Geige. Aber da war die große Schwester. Die studierte schon Musik – Klavier. Sie stand in ihrem Schatten. Sie stand auch im Schatten des jüngeren Bruders. Er wollte Theologe werden. Aber er fiel im Krieg.

Der Erste Weltkrieg veränderte ihr Leben völlig. Die große Schwester wurde Pfarrfrau. Auch sie wäre eine geworden, sie war verlobt mit einem Theologen. Ich bin überzeugt, sie wäre eine gute Pfarrfrau geworden, mit wohlerzogenen Kindern, mit einer Gemeinde, die bei ihr allezeit eine offene Tür und ein offenes Herz gefunden hätte. Und ihrem Mann wäre sie eine Gefährtin geworden, die liebevoll und redlich alles mit ihm geteilt hätte, was das Leben bringt. Es kam nicht so weit. Ihr Bräutigam fiel.

Es wurde alles ganz anders, als sie es sich gewünscht hatte. Bei der Pflege eines diphteriekranken Kindes infizierte sie sich und lag dann jahrelang schwer krank darnieder.

Und dann war es ihre kranke Mutter, die sie brauchte. Sie pflegte sie bis zu ihrem Tod. Als der Vater in der Wirtschaftskrise der dreißiger Jahre die Klavierfabrik aufgeben mußte, kam sie mit ihm zusammen zu uns.

Sie führte unserer gehbehinderten Mutter den Haushalt. Sie hat uns mit erzogen. Wir haben es ihr oft nicht leicht gemacht. Sie war »nur« unsere Tante. Die Mutter war uns näher. Sie liebte uns. Aber wir waren die Kinder ihrer Schwester – die Kinder der Schwester, in deren Schatten sie zeitlebens gestanden hatte. Sie gehörte dazu und war immer und überall mit dabei. Sie hatte ihre Heimat bei uns. Aber ein wirkliches Heimatrecht habe ich ihr erst gegeben, als sie nicht mehr lebte.

Als sie nicht mehr da war, da fiel es mir auf die Seele, daß wir es immer so selbstverständlich hingenommen haben, daß sie da war, daß sie für uns da war. Ich habe sie nie gefragt: »Wenn du dir dein Leben selber gestalten dürftest, wie würdest du dir's wünschen?« Vielleicht hätte sie es mir nicht sagen können. Sie hatte es sich längst abgewöhnt, sich selbst nach ihren Wünschen zu fragen.

Ich möchte ihr gern ein Denkmal setzen.

Familientanten sterben aus.

Ich weiß gar nicht, was aus uns geworden wäre ohne sie. Ich habe ihr das nie gesagt. Als wir am Tag ihres Begräbnisses beisammen saßen und ihrer gedachten, wußte ich, was ich ihr hätte sagen sollen.

Frau R. – ein Mädchenschicksal unter vielen

Ich schließe die Tür hinter mir. Ein düsterer Raum ist dieses Sekretariat. Der Raum paßt zu der Stimmung, in der ich Frau R. eben zurückgelassen habe. Ich hätte ihr so gern ein wenig wohl getan. Sie war für mich heute ein rettender Engel gewesen. Umsichtig, fleißig, pünktlich schrieb sie mir die Liste, die ich hätte gestern abgeben sollen. Ich wollte ihr mit Blumen dafür danken und sagte dabei etwas vom »rettenden Engel«. Gewiß, sie hat sich über die Blumen gefreut. Aber Blumen sind bestenfalls ein winziger Farbtupfer in ihrem sonst farblosen, grauen Leben.

Grau – warum eigentlich? Sie hat ihre Arbeit, ihr Auskommen, sie muß für niemand mehr sorgen. Aber vielleicht ist es gerade das, was ihr fehlt?

Ihre Eltern waren einfache, fleißige Leute. Sie war ihr erstgeborenes Kind, dem dann nach Jahren noch der ersehnte Sohn folgte. Der Sohn, ja, der war der Stolz der Eltern. Er lernte gut. Daß auch sie eine gute Schülerin war, das beachteten die Eltern kaum. Das war selbstverständlich. Der Sohn sollte es zu etwas bringen. Er durfte studieren und wurde Lehrer. Er wurde das, was sie gern geworden wäre. Sie besuchte freilich auch die Mittelschule und schloß sie mit einem glänzenden Zeugnis ab. Aber dann mußte sie alle weiteren eigenen Wünsche begraben. Das Studium des Bruders mußte finanziert werden. Sie dachte: wenn er fertig ist, dann sehe ich zu, daß ich auch noch weiter lernen kann. Der Bruder versprach, ihr dabei zu helfen. Statt dessen kam der Zweite Weltkrieg. Der Bruder wurde eingezogen und kam nicht wieder. Die Ersparnisse fielen der Währungsreform zum Opfer. Die alternden Eltern brauchten die Tochter. Sie verschmerzten den Verlust des Sohnes nie mehr so ganz. Immer redeten sie von ihm. Daß sie da war, war selbstverständlich. Sie war und blieb »nur« die Tochter.

Sie tut ihre Arbeit gewissenhaft und treu, und sie weiß, wie sehr sie im Dekanat gebraucht wird. Aber auf dem Flur gegenüber wohne ich, die Vikarin. Eine, die studieren durfte. Eine, die Eltern hat, die ihre Töchter so ernst nehmen wie ihre Söhne. Eine, die auf der Lichtseite des Lebens lebt und ihr täglich zum Bewußtsein bringt, daß sie auf der Schattenseite ist. Ich komme mir recht hilflos vor. Wie kann ich das richtig umsetzen, was ich andern voraus habe? Wie kann ich ein wenig Licht in die Düsternis von Frau R. bringen?

Heute abend ist Konfirmandenelternabend. Was ich dort sagen werde? Ich werde den Müttern sagen, sie sollen doch ihren Töchtern eine möglichst gute Ausbildung geben. Die Töchter werden es ihnen – hoffentlich – danken.

Frau J. – »nur« eine alte Frau?

Keiner sieht ihr ihre 82 Jahre an. Kommt es daher, daß sie so schlank ist und noch immer eine so gute Figur hat? Oder

machen es die Haare, die blond sind? Oder ist es das leben-
dige, gütige Gesicht? Keiner würde denken, daß sie älter ist
als ihre Freundin. Beide sind Witwen. Früher waren sie
einmal Kolleginnen. Frau K. hat keine Kinder. Frau J.s Kinder sind versorgt und längst aus dem Haus. Seit Wochen
kommt sie und pflegt ihre schwerkranke Freundin. Sie
richtet das Essen appetitlich her, damit die Freundin wenigstens ein paar Bissen ißt. Sie macht Umschläge um das ge-
schwollene Bein. Sie schüttelt die Kissen und macht das
Bett und versorgt den Haushalt. Sie besorgt die Einkäufe,
erledigt die Post, zahlt Rechnungen, hebt Geld ab. Was freilich viel wichtiger ist: sie ist da. Sie läßt in ihrer eigenen
Wohnung alles liegen und stehen und eilt zu ihrer Freundin. Sie weiß: dort werde ich gebraucht. An ihr richtet sich
die Freundin auf. Sie bringt es fertig, ihr immer wieder aus
der Niedergeschlagenheit herauszuhelfen.
Es geht eigentlich über ihre Kraft. Sie weiß das. »Ich tue es,
solange ich kann«, sagt sie. »Sie braucht mich doch!«
Frau J. ist eine alte Frau. Es gibt genug törichte Menschen,
die alte Menschen für überflüssig halten. Es gibt genug
alte Menschen, die darunter leiden, daß sie noch da sind.
Wenn sie Frau J. erleben würden, würden die törichten
Leute vielleicht vorsichtiger sein mit ihrem Urteil.

Frau St. zieht weg

Mehr als 20 Jahre hindurch hat sie nun Sonntag für Sonntag Kindergottesdienst gehalten. Als sie damit anfing, war
sie gerade konfirmiert. Sie war ihrem Pfarrer aufgefallen.
Sie war so aufmerksam und nachdenklich und beschlagen
in den biblischen Geschichten. Als er sie fragte, ob sie im
Kindergottesdienst mittun würde, sagte sie sofort Ja. Sie
war selbst immer gern dorthin gegangen.

Sie hat inzwischen längst einen sehr verantwortungsvollen Posten im Beruf. Sie hätte den Sonntag oft auch zum Ausruhen gebrauchen können. Es gibt genug Dinge, die ihr Freude machen und die sie interessieren – sie hätte die Zeit auch anders nützen können. Aber sie mag die Kinder. Und das Erzählen macht ihr Spaß. Sie kennt sich in ihrer Bibel aus. Aber immer wieder entdeckt sie beim Vorbereiten etwas, was ihr vorher noch nie aufgefallen ist. Und in den Gesprächen mit den Kindern merkt sie, wo diese der Schuh drückt und was ihnen Spaß macht. Sie kennt die Familien. Sie meint, daß die Gemeinde mitverantwortlich sei, daß das Taufversprechen eingelöst wird. Die getauften Kinder sollen hineinwachsen in den Glauben und heimisch werden in der Gemeinde. Sie ist »nur« ein ganz normales Gemeindeglied. Aber für diese Kinder ist sie die Brücke zur Gemeinde. Sie ließ sich auch in den Zeiten nicht entmutigen, in denen immer weniger Kinder kamen. Sie hat sie unermüdlich immer wieder eingeladen und sich gefreut, wenn dann plötzlich doch wieder ein ganzer Schwung Kinder kam.

Nun zieht sie weg. Kinderkirche wird sie am neuen Ort nicht mehr halten. Sie freut sich auf freie Sonntage. Einerseits. Andererseits wird ihr der Kindergottesdienst fehlen. Sie hat in den mehr als 20 Jahren nicht nur viel gegeben, sie hat auch empfangen.

Wofür wir Gott danken – Silke malt sich selbst

Das Erntedankfest steht vor der Tür. Ich habe mit der Erzieherin besprochen, daß die Kinder im Kindergarten Bilder malen, mit Fingerfarben auf große Kartons. »Wofür wir Gott danken«, heißt das Thema. Die Erzieherin läßt mir etliche Zeit später sagen, die Bilder seien fertig. Ob ich kommen wolle, um sie mir anzusehen. Natürlich will ich. Die Kinder sollen im Familiengottesdienst ihre eigenen Bilder selbst vor der Gemeinde erklären. Sie sollen dabei möglichst unbefangen sein. Das können sie aber nur, wenn ich ihnen nicht fremd bin.

Es ist erstaunlich, was auf den verschiedenen Bildern alles zu sehen ist. Keines gleicht dem andern, jedes Kind hat sein Bild ganz selbständig gemalt. Da ist auf einem Bild der Rettungshubschrauber, dort der Wochenmarkt mit dem Münster und mit Obst- und Gemüseständen zu sehen. Ein Bild zeigt das Elternhaus, den Kindergarten und die Pauluskirche – »deine Kirche«, wie das Kind mir erklärt. Ein Kind hat seine Eltern und Geschwister gemalt. Unter den vielen Bildern hat es mir eines besonders angetan. Da ist ein Kind zu sehen, das einen riesigen Luftsprung macht. Die Beine sind ganz weit gespreizt und die Zöpfe fliegen. Und das Gesicht lacht.

Auch Silkes Gesicht lacht. Sie hat sich zu mir gesetzt. Sie ist die kleine Künstlerin, die das Bild gemalt hat. »Weißt«, sagt sie, »da hab' ich mich selbst gemalt. Ich dank' nämlich dem lieben Gott, daß es mich gibt.« Silke ist »nur« ein Kind, kaum vier Jahre alt. Aber die Predigt, die sie mir mit ihrem Bild und mit ihrer Erklärung gehalten hat, werde ich nie mehr vergessen.

Nur ein Schluck Tee – Vom Geben und Nehmen

Frau A. war die erste Patientin, die ich über einen weiten Zeitraum hinweg zum Sterben begleitete. Als ich sie das erste Mal besuchte, sagte sie: »Ich bin kein frommer Mensch. Ich möchte so gern glauben. Ich kann nicht. Helfen Sie mir dabei?« Ich empfand diese Bitte als großen Vertrauensbeweis und gleichzeitig als ausgesprochene Überforderung. Ich versprach, bald wiederzukommen und zu tun, was in meinen Kräften stehe. Wochen hindurch sah ich Frau A. täglich. Sie war eine ausgesprochen gepflegte Frau, ein Mensch, der einem auffallen mußte. Man sah, daß sie etwas auf sich hielt, man sah das auch im Krankenhaus – und daß es ihr verhaßt war, sich gehen zu lassen. Sie hatte große Schmerzen auszuhalten und konnte immer weniger zu sich nehmen. Zuletzt mußte sie auch die Flüssigkeit wieder von sich geben. Es war qualvoll, mit anzusehen, wie sie immer mehr zusammenschmolz. Aber bis zuletzt blieb der Eindruck eines besonderen Menschen.

Frau A. war Kriegerwitwe. Ihre Ehe war sehr kurz gewesen. Seinen Sohn hatte der Vater kaum gesehen, als er fiel. Sie aber hatte ihren Mann immer als den in Erinnerung, der er damals gewesen war: als einen jungen Soldaten. Er hatte ja nicht mit ihr reifen dürfen. Er blieb immer jung, während sie älter wurde.

Sie hatte in ihrem Leben immer stark sein müssen. Der Sohn brauchte ihre Kraft, ihre Festigkeit. Er mußte sich an sie anlehnen dürfen. Nur sie hatte keinen mehr, bei dem sie sich anlehnen konnte.

Es fiel ihr außerordentlich schwer, sich fallen zu lassen. Erst ganz zuletzt war es ihr möglich. Halbe Dinge waren nicht ihre Sache. Sie mußte lange ringen um ihr Ja, um ihr Einverständnis mit dem schweren Weg, den sie geführt wurde und den sie so schwer verstehen konnte.

14 Tage vor ihrem Tod feierten wir das Abendmahl: sie, ihre Schwestern, ihr Sohn und ich. Da war sie ganz gesammelt und ganz gelöst. Der Kampf war durchgekämpft. Sie war einverstanden damit, daß sie sterben mußte.

Einige Tage später trat ich gerade ins Krankenzimmer, als man ihr ihren abendlichen Tee brachte. Sonst konnte sie nichts mehr zu sich nehmen. Als ihre Schwester den heißen Tee zur Hälfte in eine Tasse goß, sagte sie plötzlich: »Das ist jetzt der Frau Pfarrer ihr Tee.«

Sie hatte mich Wochen zuvor gefragt, ob ich sie auch im Pflegeheim besuchen würde, falls sie dorthin verlegt werde. Sie würde mich dann gern zu einer Tasse Tee einladen. Ich hatte es ihr versprochen, obwohl ich schon damals geahnt hatte, daß es nicht mehr dazu kommen werde.

Einen Augenblick lang war ich versucht abzuwehren. Ich konnte ihr doch nicht das wegnehmen, was ihre einzige Nahrung war. Nur einen Augenblick lang zögerte ich. Dann sagte ich: »Ja, Frau A., nun trinken wir hier miteinander unseren Tee. Wir haben es uns anders gedacht, aber der Ort spielt ja keine Rolle.«

Sie strahlte auf. Dann wurde sie traurig und sagte: »Aber ich hab' ihn ja gar nicht selbst gekocht.« Und ich: »Aber er ist für Sie gemacht worden und wenn ich ihn trinke, trinke ich Ihren Tee.«

Es waren nur ein paar Schluck Tee. Aber wir hatten miteinander Anteil an diesem Tee. Es war wie ein zweites Abendmahl, ohne die großen Worte, ohne Brot und Wein. Und doch: Gemeinschaft und Leben vom Geben und Nehmen. Geben und Nehmen – bis zuletzt ist es die Wahrheit über unser Leben, und es ist wichtig, daß wir nicht nur geben wollen, sondern auch nehmen können. Denn es ist immer der andere, der sich uns gibt, und seien es nur ein paar Schluck Tee, die er uns noch geben kann.

In der christlichen Gemeinde gehören Mann und Frau zusammen

Ursprünglich – am Beginn der Kirchengeschichte – war die christliche Gemeinde der Ort, wo der Frau eine neue Rolle, ein neues Selbstwertgefühl, eine neue Möglichkeit der Selbstentfaltung und Selbstfindung gegeben wurde. Das galt vor allem für die Frau, die aus der jüdischen Tradition stammte. Sie war in religiöser Hinsicht ein Mensch zweiten Ranges. Beim Opfer handelte der Mann stellvertretend für sie mit. Die religiöse Unterweisung lag in den Händen des Mannes. Der Mann war unmittelbar zu Gott, die Frau mittelbar, sie brauchte den Mann als Mittel zu Gott.

Das war in den heidnischen Naturreligionen anders. In ihnen hatte die Fruchtbarkeit religiöse Bedeutung. Die Frau als Mutter, als die, die neuem Leben zur Welt hilft, hatte in ihnen eine besondere religiöse Rolle. Aber sie war gebunden an ihre Geschlechtsrolle. Das galt erst recht für die Tempeldirnen – in der Vereinigung mit ihnen nahm der Mann aktiven Anteil am religiös verstandenen Geschehen der Fruchtbarkeit.

In der christlichen Gemeinde fand die Frau eine neue religiöse Rolle. Jesus hatte auch Frauen in seinem Gefolge gehabt. Er hatte Frauen zu Boten seiner Auferstehung gemacht. Das war etwas ganz Besonderes, im Rechtsgeschehen der damaligen Zeit kam die Frau als Zeugin überhaupt nicht in Betracht. Der Auferstandene beschenkte Frauen genauso mit seinem Geist wie Männer. Dadurch empfing die Frau eine unerhörte Aufwertung. Sie empfing ihren Wert nicht mehr durch den Mann, sie empfing nicht mehr durch jeden von ihr geborenen Sohn eine Steigerung ihres Wertes. Sie empfing ihren Wert von Gott unmittelbar, auch wenn sie ehelos und kinderlos war. Sie rückte neben den Mann und stand nicht mehr länger in seinem Schatten. Damit war der Weg frei für ein neues Miteinander von Mann und Frau, für die Form von Miteinander, die wir Partnerschaft nennen. Partnerschaft von Mann und Frau beruht darauf, daß es *den* Menschen ja nicht gibt. Es gibt den Menschen nur entweder als Mann oder als Frau. Die Frage nach dem menschlichen Selbstverständnis stellt sich immer auf doppelte Weise:

Der Mann fragt: Wer bin ich? Und in diese Frage ist eingeschlossen: Wer bin ich als Mann? Die Frau fragt: Wer bin ich, und sie fragt damit auch: Wer bin ich als Frau? Und in beider Frage ist auch dies mit eingeschlossen: Wer bin ich für dich?

Jeder muß die Antwort für sich finden. Beide können sich gegenseitig helfen, die Antwort zu finden. Der Mann wird sich seines Mannseins nicht dann nur bewußt, wenn er unter Männern ist, er wird sich seines Mannseins vielmehr gerade im Gegenüber zu der Frau bewußt. Die Frau kann ihr Selbstverständnis nicht finden, wenn sie ihre Zuordnung zum Mann dabei ausklammert.

Jeder für sich ist ein voller Mensch. Aber keiner ist Mann und Frau zugleich. Beide können einander ergänzen, sie können einander auch in bestimmten Funktionen ersetzen. Aber es gibt Funktionen, die nur im übertragenen Sinn vom Angehörigen des andern Geschlechts übernommen werden können: Der Mann kennt Geburtsvorgänge im geistigen Bereich, die Frau kann befruchtend wirken im Geistig-Seelischen.

Beide, Mann und Frau, sind Gott als ihrem Schöpfer zugeordnet. Beide haben ihre Würde unmittelbar von ihm. Weder gibt der Mann der Frau ihre Würde, so daß sie ohne ihn keine hätte, noch verleiht die Frau dem Mann seinen Wert, so daß er ohne sie wertlos wäre. Aber beide brauchen einander. Sie können einander gegenseitig zum Menschsein befreien, aber sie können einander nicht vom verfehlten Menschsein erlösen. Dabei würden sie sich gegenseitig weit überfordern.

Eine nur vom Mann bestimmte Welt ist so wenig eine menschliche Welt, wie es eine nur von Frauen beherrschte und bestimmte wäre, Männer unter sich und Frauen unter sich – gelegentlich ist das wohl nötig, damit beide an Selbstsicherheit und an Selbstbewußtsein gewinnen, aber auf die Dauer würden sie sich bewußt ärmer machen, als sie sein müssen, wollten sie nur unter sich bleiben.

Die christliche Gemeinde war der Ort, der Lebensraum, in dem erprobt wurde, wie eine Welt aussehen könnte, die von des Mannes und der Frau gemeinsamem Glauben an Gott den Schöpfer und an Jesus Christus, den Erlöser von Mann und Frau, und an Gott, den Vollender seiner Welt, gestaltet wird. Sie war es mindestens in ihren Anfängen – später übernahm der Mann wieder die Vorherrschaft.

Das Erproben der Gemeinsamkeit geschah und geschieht unter Belastungen und Gefährdungen. Auf sie geht der Apostel Paulus in dem Teil seines Römerbriefs ein, der sich auf die alltägliche Lebenspraxis der Gemeinde in Rom bezieht. »Keiner soll höher von sich denken, als es angemessen ist. Bleibt bescheiden und sucht das rechte Maß. Gott hat jedem seinen Anteil an den Gaben zugeteilt, die der Glaube schenkt. Daran hat jeder einen Maßstab, wie er von sich denken soll. Denkt an den menschlichen Körper: Er hat viele verschiedene Teile, und jeder Teil hat seine besondere Aufgabe; aber der Körper bleibt deshalb doch einer. Genauso ist es mit uns: Obwohl wir viele sind, bilden wir durch die Verbindung mit Christus ein Ganzes. Wir stehen zueinander wie Teile, die sich gegenseitig ergänzen. Wir haben verschiedene Gaben, so wie Gott sie uns in seiner Gnade zugeteilt hat. Diese Gaben sollen wir auch in der rechten Weise nutzen« (Römer 12, 3-6, Gute Nachricht).

Gleichberechtigung

Immer, wenn einem einzelnen in einer Gruppe oder wenn einer ganzen Gruppe in einer größeren Gemeinschaft eine notwendige und seither versagte Aufwertung widerfährt, besteht die Gefahr, daß dadurch ein übersteigertes Wertgefühl entsteht. Wenn einer eine neue Wichtigkeit bekommt, die er erst verarbeiten muß, an die er sich erst gewöhnen muß, kann es sein, daß er zunächst mit Wichtigtuerei reagiert. Obwohl es jetzt eigentlich nicht mehr nötig ist, macht er sich erst recht noch wichtig. Er dreht den Spieß leicht um: Er drängt andere in die Rolle, die er bisher selbst eingenommen hat: in die Rolle des Minderwertigen, des Zweitrangigen, des weniger Wichtigen. In diesem Zusammenhang ist die Mahnung des Apostels im Korintherbrief zu sehen: »Das Weib schweige in der Gemeinde.« Die Frauen in Korinth hatten es begreiflicherweise wichtig, so überwältigend neu war für sie das volle Dazugehören. Daß sie sich darum auch wichtig machten, ist das nicht zu verstehen? Wer sich aber seines eigenen Wertes nur bewußt werden kann, indem er andere herabsetzt, der verletzt nicht nur die andern, sondern schadet sich selbst, indem er aus der neugewonnenen befreienden Wirklichkeit heraus und in neue Zwänge hinein fällt. Damit fällt er auch aus dem Glauben. Auf die Problematik der Gleichberechtigung der Frau bezogen: Wenn wir uns unseres Wertes als Frau nur bewußt werden können, indem wir den Mann in unserem Denken, Empfinden und Handeln herabsetzen, gewinnen wir nichts. Wir verfehlen auch unser richtiges Verhältnis zu uns selbst.

Gemeinschaft zwischen Menschen ist nichts Vorgegebenes, sondern eine Aufgabe. Das gilt für jede Form von Gemeinschaft, in der Mann und Frau miteinander verbunden sind. Jeder Mensch ist auf Gemeinschaft angewiesen, keiner ist sich selbst genug. Die Gemeinschaft fördert und fordert. Sie nötigt zum Verzichten und setzt Kräfte frei. Je origineller, eigenständiger und selbstbewußter ein einzelner ist, um so mehr wird ihm die Gemeinschaft zur Aufgabe. Er kann für die ganze Gemeinschaft zur Gefahr, zum Störfaktor werden – oder er kann sie in einem Ausmaß fördern, in dem das andere nicht vermögen. Das gelingt ihm um so eher, je mehr er andere aktivieren kann und je weniger er selbst eine beherrschende Rolle spielt.

Wer mit sich selbst uneins ist, wird die zerstörerischen Kräfte auch in die Gemeinschaft tragen.

Wir können auf verschiedene Weise uneins sein mit uns selbst. Der Apostel greift in unserem Zusammenhang eine Weise heraus: Wir sind mit uns selbst uneins, wenn wir unfähig sind, uns selbst als Teil zu verstehen. Wenn wir unsere Einstellung, unseren Beitrag, unseren eigenen Wert absolut setzen, können wir andere nur gelten lassen, wenn sie sind wie wir oder wie wir gerne wären. Wir messen die andern an uns, an unserer Leistung, an unserer Erkenntnis, an unserer Stärke. Wir halten uns selbst dabei bewußt oder unbewußt für unübertrefflich. Wir verkennen, daß unser menschliches Teil immer das Unvollkommene, das Fragment ist, auch wenn wir uns noch so sehr um Vollkommenheit bemühen. Die Vollendung ist Gottes Sache.

Unser Teil ist es, unseren Platz in der Welt zu finden und auszufüllen, unsere Möglichkeiten auszubilden und einzusetzen. Unser Teil ist eine größere oder kleinere, eine sich verändernde Aufgabe in der Welt. Die Welt als Ganzes ist

Gottes. Das bewahrt uns vor Überforderung und vor Gleichgültigkeit. Unser ist die Verantwortung für das, was wir denken, was wir wissen, was wir tun. Immer wieder versuchen wir, unser Dasein zu rechtfertigen mit dem, was wir denken, was wir wissen, vor allem aber mit dem, was wir tun. Wir können es nicht und wir müssen es nicht. – Gott rechtfertigt uns.

Unser ist das Teil, Gottes ist das Ganze. Das gibt uns die Freiheit, die Dinge so zu machen, wie sie uns gegeben sind. Das hindert uns auch an dem verzweifelten Versuch, es dem Manne gleichzutun. Wir können es nicht, wir sollen es auch nicht. Wir messen uns oft an dem männlichen Maß aus einer in einer langen Tradition gewachsenen Minderwertigkeitsangst. Viele Jahrhunderte hindurch war man mindestens in unserer abendländischen Tradition der Überzeugung: der Mann sei der eigentliche Mensch und männlich geprägtes Menschsein das wahre Menschentum. Das stärkte das weibliche Selbstwertgefühl nicht gerade. Ziel der Frauenbildung ist es, uns unseres Wertes bewußt zu machen. Es kann nicht das Ziel der Bildung sein, uns möglichst viel Wissen zu vermitteln, und auch nicht, nur den Intellekt zu schulen und ihn dabei einseitig überzubewerten und die Gefühle zu vernachlässigen oder möglichst zu verdrängen. Ziel der Bildung kann es nicht sein, mehr Macht zu verschaffen oder höhere Lebensansprüche oder einen höheren Lenbensstandard zu ermöglichen. Mindestens nicht bei uns, wo es nicht ums Überleben geht. Höhere Bildung verschafft mehr Einfluß und Macht. Mehr Macht bringt mehr Verantwortung mit sich. Größere Verantwortung hat ein größeres Maß an Einsamkeit und Isolierung zur Folge. Aus ihr kann man nur ausbrechen, wenn man das Gespräch sucht. Je höher die Position ist, die einer innehat, um so wählerischer muß er aber auch wieder sein bei der Wahl seiner Gesprächspartner.

Bildung kann kein Selbstzweck sein. Sie erhöht unseren Wert für die Gemeinschaft – auch für die Gemeinschaft zwischen Mann und Frau. Der Mann, der in der Frau die Partnerin sucht, wird auf ihre Bildung drängen.

Ist der Kampf der Frau um mehr Bildung letztlich ein Machtkampf, oder steht hinter ihm der Wille zu mehr Verantwortung? Ist sie getrieben von der Bereitschaft, die Last der Welt mitzutragen, die Welt mitzugestalten mit den der Frau gegebenen Möglichkeiten und Gaben?

Frieden

Möglichkeiten und Gaben sind kein Wert an sich. Sie weisen den Beschenkten an den, der ihn beschenkt, und an die, denen er mit seinen Gaben nützen soll. Sie verbinden mit dem Geber. So bewahren sie vor dem neidischen Schielen auf andere und vor dem geringschätzigen, abwertenden Blick. Überhebliche Christen verkennen, daß sie alles, was sie auszeichnet und kennzeichnet, nicht sich selbst verdanken. Sie verkennen auch, daß Gegebenes nur sinnvoll ist, wenn es fruchtbar gemacht wird für andere. Welches sind die besonderen Gaben, die wir Frauen im Ringen um den Frieden der Welt einbringen können? Ich lasse die Streitfrage offen, ob diese Eigenschaften uns in einer langen Kulturgeschichte zugewachsen sind und durch Erziehung vermittelt wurden oder ob wir sie als natürliche Mitgift mitbekommen haben. Man sagt uns Frauen nach, wir hätten Verständnis und Einfühlungsgabe. Das befähigt uns, uns über Gegensätze hinwegzusetzen und im andern den Menschen zu sehen.

Man sagt uns nach, wir seien belastbar und hätten psychische Kraft. Das gibt uns die Fähigkeit, Konflikte auszuhalten und geduldig an ihre Bewältigung zu gehen, auch wenn das Zeit braucht. Man sagt, wir seien auf Gefühle ansprechbar. Das gibt uns die Fähigkeit wahrzunehmen, was sich auf der Ebene des Gefühls bei uns und anderen abspielt. Kriege haben ihre tiefste Wurzel in negativen Gefühlen, in Haß und Angst. Dauerhafter Friede ist nur da möglich, wo die Gefühle für den andern zu sprechen vermögen. Erst dann ist er nicht mehr der Feind. Man sagt, wir hätten eine besondere Leidensfähigkeit. Das würde uns die Freiheit geben, den Preis zu zahlen, den der Friede kostet, den Preis, den man jeweils zahlen muß.

Alle Gaben sind zugleich Aufgaben. Alle Gaben sind auch Gefährdungen. Wir brauchen einander, wir brauchen das Miteinander von Mann und Frau, um die Gaben entfalten zu können und um den Gefährdungen nicht zu verfallen.

Wir brauchen den Raum, in dem wir erfahren, daß wir die sein und die werden dürfen, die wir sind.

Die christliche Gemeinde lebt davon, daß Gott uns Menschen alle, uns Männer und Frauen annimmt, als die, die wir sind, und daß er uns beschenkt mit dem Geist, der das neue Sein schafft. Die christliche Gemeinde kann der Raum sein und könnte der Raum werden, in dem wir als Mann und als Frau Gott, dem andern und uns selbst begegnen und wo wir ihn, den andern und uns selbst finden.

Leben ohne Partner – Alleinsein als Chance

Gründe

Gründe für die Ehelosigkeit gibt es verschiedene. Es gibt das bewußte, von vornherein angestrebte Unverheiratetsein, gewählt, erstrebt, bejaht. Die Zahl derer, die aus eigenem inneren Antrieb heraus ehelos geblieben sind, ist aber wohl verhältnismäßig klein. Es gibt Menschen, die sich zur Ehelosigkeit berufen wissen – schon immer. Wer wollte ihnen diese Gewißheit bestreiten? Daneben gibt es eine sicher größere Anzahl von Frauen, die ihre Ehelosigkeit als schweres Schicksal empfinden, mit dem sie sich immer neu auseinandersetzen und in dem sie sich immer wieder zurechtfinden müssen. Sie hätten es sich anders gewünscht, wenn es in ihrem Leben nach ihren Wünschen gegangen wäre. In meiner Generation haben viele den im Krieg verloren, dem sie hätten Partnerin sein wollen und können. Dann gibt es Menschen, die es schwer haben, Kontakte zu schließen, vollends zum anderen Geschlecht. Es gibt auch Frauen, die für Männer wenig Reiz haben. Enttäuschungen können einen Menschen verschlossen und mißtrauisch machen. Und es gibt Frauen, die im Laufe ihres Lebens dem Mann einfach nicht begegnet sind, den sie hätten heiraten können und wollen.

Ich will diesen Gründen nicht weiter nachspüren. Ich weiß nur aus meiner eigenen Erfahrung, daß Ehelosigkeit ein Weg ist, auf dem immer wieder die Sinnfrage aufbricht. Sie ist nicht immer gleich bedrängend. Aber es gibt Zeiten, in denen sie im Vordergrund steht. In solchen Zeiten muß man sich das Ja zum eigenen Weg hart erkämpfen. Aber solche Zeiten gibt es in jedem Leben. Auch das Ja zum eigenen Partner und zu den eigenen Kindern fällt einem nicht einfach in den Schoß und ist nicht immer leicht zu sprechen. Man muß immer neu zu einem Ja finden.

Das Ja zur eigenen Sexualität

Gott hat Mann und Frau füreinander geschaffen. Der Mann wird zum Mann durch die Frau, er erhält, erfüllt und bewährt sein Mann-Sein im Leben mit ihr. Die Frau wird bis ins Leibliche hinein – aber nicht nur im Leiblichen – Frau durch den Mann. Wir alle haben nicht nur einen Leib, wir sind Leib. Zu unserem Leib-Sein gehört auch unsere Sexualität. Leibfeindlichkeit, Angst vor der eigenen Sexualität oder vor der des andern, Verdrängen der eigenen Sexualität gibt nicht die Freiheit zum Alleinsein und Alleinbleiben. Ich kann nichts verachten, verdrängen und verneinen, was zu mir gehört, ohne damit zugleich mich selbst zu verachten und zu verneinen. Echtes Verzichten wächst auf dem Boden des Ja und nicht des Nein.

Muß der Mensch, der ohne Partner lebt, grundsätzlich auf sexuelle Erfüllung verzichten? Vor etlichen Jahrzehnten hätten die meisten sicherlich gesagt: selbstverständlich! Heute würden bei einer Umfrage die Antworten verschieden ausfallen. Auch ich selbst bin mir darüber klar, daß ich nur für mich antworten könnte. Ich könnte meine eigene Antwort nicht für jede andere verbindlich machen, so gewiß sie mich selbst bindet. Warum nicht? Jedes Leben hat seine eigenen Begegnungen. Wie sich Begegnungen gestalten, hängt von denen ab, die einander begegnen, von den Umständen, unter denen die Begegnung stattfindet, von der äußeren und inneren Situation. Jedes Leben hat seine eigenen Erfüllungen. Nicht jeder kann in seinem Beruf so viel Erfüllung finden, nicht jeder ist so kreativ, daß er in seinem schöpferischen Tun so viel Erfüllung findet, wie er persönlich braucht. Nicht jeder hat die Möglichkeit der Hingabe an ein Werk oder an eine Aufgabe. Nicht jeder kann sein Bedürfnis nach Zärtlichkeit, nach Einswerden, nach Geborgenheit, nach Fallenlassen und Gehaltenwerden auf andere als auf sexuelle Weise befriedigen. Aber auch die, die es nicht können, erfahren sich als Menschen mit Sexualität. Auch sie müssen sie bejahen, auch wenn sie auf sexuelle Begegnung verzichten. Alles, was wir nicht bejahen, rächt sich an uns selbst. Zu diesem Ja gehört auch, um es persönlich zu sagen, daß ich mein Alleinsein auch als Mangel, als Entbehren, als ein Nichthaben erlebe. Ich weiß, daß ich um meiner Ungebundenheit willen von vielen beneidet werde. Es ist wahr: Ich muß weniger Rücksicht nehmen, ich kann mein Leben freier gestalten als die Verheirateten. Es ist wahr, ich verfüge freier über meine Zeit und über mein Engagement. Aber wenn ich müde und erschöpft und abgekämpft nach Hause komme, mit Eindrücken und Erfahrungen vollgestopft, die ich erst verarbeiten muß, dann erwartet mich niemand, der fragt: »Wie war's? Wie ist's gegangen?« Niemand nimmt teil an Freude und Verdruß des Tages, an Erfolg und Mißerfolg. Keiner nimmt mich in seine Arme, keiner nimmt mich wortlos an. Und die Frage läßt sich nicht immer verdrängen: »Für wen lebst du eigentlich?« Es brauchen viele mein Zuhören, meine Geduld, meinen Rat, mein Verstehen, mein Schweigen, mein Reden – aber wer braucht mich? Ich weiß, daß es viele Ehefrauen gibt, die sich das auch fragen. Auch für sie, die nicht allein leben, ist der andere nicht immer da, wenn sie ihn brauchen, auch wenn er anwesend ist. Die Tatsache, keinen Gefährten zu haben, bedeutet Schmerz, bedeutet größere oder kleinere Not. Der Schmerz tritt nicht immer ins Bewußtsein, er ist bei verschieden veranlagten Menschen verschieden stark. Er verändert sich beim Älterwerden, aber er verschwindet keineswegs. Wie könnte das auch sein! Gehören doch zum Älterwerden die Ängste vor dem Alleinsein, vor dem Verlassenwerden. Gerade beim Älterwerden empfindet man sein Angewiesensein auf andere.

Noch einmal: Ich kenne genug Eheleute, für die das Durchhalten ihrer Ehe schier unmenschlich schwer ist. Sie sind wahrscheinlich noch einsamer und verlassener als ich. Aber ich kann mein Alleinsein nicht dadurch erträglich machen, daß ich mir einrede, die Ehe sei gar nicht so sehr erstrebenswert. Aber auch das andere hilft nicht, daß ich die Ehe überbewerte als die allein mögliche Form von Gemeinschaft, die Garantie für wahres Glück, weil sie Schutzraum und Entfaltungsraum für die Sexualität ist. Sexuelle Gemeinschaft gehört zur Ehe, aber sie ist doch nicht schon die ganze Ehe. Auch in der Ehe muß die Gemeinschaft der beiden auf ganz verschiedene Weise immer wieder gesucht und gestaltet werden. Sie wird verloren und muß neu gefunden werden, sie wird aufs Spiel gesetzt und bleibt oft unerreicht. Die Gemeinschaft in der Ehe hat man nicht ein für allemal.

Das bedrohte Selbstwertgefühl

Es gibt heute noch viele Zeitgenossen, für die eine Frau erst dann ein vollwertiger Mensch ist, wenn sie einen Mann hat. Wer keinen hat, ist nur ein »halber Mensch«. Dieses Urteil kann dazu führen, daß sich die Frau ohne Partner immer wieder bitter, selbstquälerisch, selbstzerstörerisch nach Gründen und Mängeln fragt, die es verhindert haben, daß sie einen Partner gefunden hat. Sie fühlt sich nicht nur minderwertig, sie fühlt sich vielleicht auch schuldig. Sie empfindet sich selbst als nicht liebenswert, nicht begehrenswert, als zurückgesetzt von der Natur. Es sind häufig besonders liebesfähige Frauen mit großer Hingabebereitschaft, die so denken. Sie lassen sich dazu verleiten, sich ständig mit andern zu vergleichen, werden unsicher in sich selbst, in ihrem Auftreten, in ihrem Geschmack. Das macht sie nicht liebenswerter. Dieses »Leben im Vergleich« macht unfrei und steht dem Bewältigen des eigenen Schicksals immer wieder im Weg.

Partnerschaft auf Zeit

Ich kann verstehen, wenn sich viele in eine vorübergehende Beziehung flüchten, um zu erfahren, wie das ist: einen Gefährten zu haben. Vielleicht empfinden sie eine solche Beziehung als Oase in der Wüste ihres Lebens und hoffen, diese Erfahrung mache den Weiterweg durch die Wüste erträglicher oder sinnvoll. Aber es könnte sein, daß die Erfahrung einer Geborgenheit auf Zeit sie tiefer in die Einsamkeit stößt, wenn sie sich wieder lösen müssen. Das Geheimnis der Ehe läßt sich wohl nicht auf Zeit rauben. Viele sind sich vielleicht nicht bewußt, daß sie nicht das rasche Glück, die kurze Befriedigung wollen, sondern Dauer und Treue. Und so kann es sein, daß sie mehr verlieren, als gewinnen. Liebe will wohl doch ein ganzes, gültiges, für alle Erdenzeit gültiges Ja zu dem andern sprechen, sie will nicht besitzen, sondern teilen, teilnehmen und teilgeben.

Aber ich kann mir vorstellen, daß es auch Frauen gibt, für die eine Partnerschaft auf Zeit dennoch wie ein Licht ist, ein Wärmespeicher für kühle Zonen.

Die Wege sind verschieden und die Erfahrungen auch. Ich möchte nur warnen vor Illusionen. Sie trügen – sie tragen nicht!

Alleinsein als Chance

Für viele steht das Ja zur Ehelosigkeit, zum Leben ohne Partner, nicht am Anfang ihres Weges. Sie haben es sich erkämpfen müssen. Sie haben dabei Wunden und Narben davongetragen. Aber sie haben ihr Ja gefunden. Sie verstehen ihr Schicksal als Führung Gottes und haben gelernt, dafür dankbar zu sein.

Auch der ehelose Mensch ist nicht allein. Er muß es jedenfalls nicht sein. Er kann Freunde suchen und haben, Nachbarn, Kollegen. Er hat Mitmenschen und unter ihnen oft genug solche, die viel ärmer dran sind als er selbst. Ihnen gegenüber verwandelt sich seine eigene Armut in den Reichtum des Sich-Verschenken-Könnens. Wir sollten nie so tun, als brauchten wir unsererseits den Mitmenschen nicht, als genüge uns unser Alleinsein. Die Aussage »ich habe keinen Gefährten« schließt die andere »ich habe keinen Menschen« nicht notwendig mit ein. Wir brauchen das Gespräch, den gedanklichen Austausch, auch wir wollen uns mitteilen und möchten teilnehmen.

Wir brauchen auch die Partnerschaft zum Mann. Diese Partnerschaft kann sich auf verschiedene Weise verwirklichen – auch in der Zusammenarbeit im Beruf. Nur da, wo Mann und Frau zusammenwirken, entsteht oft ein Ganzes, Rundes in Haus und Schule, im Krankenhaus, in Betrieb und Büro, in der Werkstatt, in der Kirche, in der Politik. Es gibt vielfache Möglichkeiten der Begegnung außerhalb des Berufs: in der Freizeit, im Urlaub, im kulturellen Leben. Manche scheuen sich vor solchen Begegnungen, weil sie erlebt haben, daß sie als Frauen allein anders behandelt werden als Frauen mit Partnern, weniger rücksichtsvoll, weniger zuvorkommend oft. Das kränkt sie. Solcher Kränkung wollen sie sich nicht aussetzen. Wie gut, daß es auch Urlaubsgemeinschaften und Freizeiten gibt, bei denen Frauen unter sich sein können und sich sicherer fühlen.

Daß es für die Begegnung der alleinstehenden Frau mit dem Mann Grenzen gibt, die immer wieder schmerzhaft zum Bewußtsein kommen, läßt sich nicht vermeiden. Auch daß man versucht ist, in sich selbst, in den eigenen Wünschen und Träumen oder auch in der Wirklichkeit diese Grenzen zu überschreiten, das muß man wissen, damit muß man rechnen, darauf muß man sich einstellen, wenn man nicht sich selbst oder Situationen einfach verfallen will. Daß in der Begegnung von Mann und Frau oft auch erotische Spannung entsteht, daß sie sich in der Begegnung nicht gleichgültig sind, daß es ihnen bewußt wird, daß sie Mann und Frau sind, die sich gegenseitig anziehen, auch damit muß man rechnen. Wer sich davor fürchtet, muß die Begegnung vermeiden.

Auch im Leben ohne Partner gibt es ein Ja zur Hingabe des eigenen Lebens. Ich meine nicht, daß dies nur in den in unserer Zeit entstandenen christlichen Lebensformen und Gemeinschaften möglich sei. Das Ja zur Ehelosigkeit hat dort eine besonders gültige, strenge und in ihrer Strenge für viele sicherlich befreiende Gestalt gefunden. Jedes Ja zur Bindung befreit. Aber auch anderswo kann Ehelosigkeit als Geschenk und Auftrag erfahren werden. Vielleicht in der bewußten Wahl eines Berufs, in dem man seine Gaben voll zur Entfaltung bringen kann. Das ist in Berufen, in denen man es unmittelbar mit Menschen zu tun hat, besonders leicht möglich. Vielleicht liegt es aber anderswo nur weniger auf der Hand. In rein mechanischen Tätigkeiten ist es wohl schwer möglich, sich selbst einzubringen, als der Mensch, der man ist.

Die unverheiratete Frau hat die Chance, im Beruf ihre Lebenserfüllung zu finden. Darin liegt freilich auch eine Gefahr. Sie wird ja nicht ihr ganzes Leben berufstätig sein. Wo findet sie ihren Lebenssinn und ihre Lebenserfüllung, wenn ihre Berufszeit zu Ende ist? Muß sie nicht dafür sorgen, daß sie auch schon in ihren Berufsjahren ein Privatleben hat, das sie sinnvoll gestaltet? Möglichkeiten gibt es viele – auch Möglichkeiten, sich einzubringen. In unserer Stadt gibt es eine Bürgerhilfe für psychisch Kranke, bei der sich überwiegend Frauen betätigen. Sie werden geschult, sie reflektieren gemeinsam ihre Erfahrungen, sie betreuen einzelne, sie kommen im Club mit psychisch Kranken zusammen. Andere arbeiten im Kinderschutzbund mit. Andere suchen sich selbst eine Aufgabe für sich: ein Kind in der Nachbarschaft, das ohne Liebe aufwachsen müßte, schenkten sie ihm nicht die ihre. Für manche sind es Blumen oder Tiere oder die Musik, die ihnen hilft, sich selbst zu entfalten. Manchmal braucht mich auch eine Verheiratete, damit sie ihre Ehe besser bestehen kann.

Sicher müssen wir im Umgang miteinander noch viel lernen. Wir: die Unverheirateten im Umgang mit den Verheirateten – ganz besonders im Umgang mit den Frauen unserer Kollegen. Können wir verstehen, daß es sie kränkt, wenn wir sofort anfangen fachzusimpeln, wenn wir mit ihren Männern zusammen sind? Müssen sie sich dabei nicht manchmal ausgeschlossen fühlen? Wir, die schon Erfahrungen gemacht haben mit unserem Alleinsein im Umgang mit denen, die noch am Anfang ihres Weges stehen. Wir, die im Beruf ganz aufgehen im Umgang mit denen, die neben ihrem Beruf noch für ihre Familie sorgen.
Können wir die Freiheit gewinnen, daß wir uns gegenseitig zugestehen, daß jeder sein Leben und seinen Beruf so gestaltet, wie es ihm möglich ist? Erfahren wir die Vielfältigkeit als Reichtum? Sind wir fähig, auch mit den Augen des andern zu sehen? Können wir uns in den andern einfühlen? Das Ja zum eigenen Weg ist die Voraussetzung für das Ja zum andern. Unser aller Ja voraus geht Gottes Ja. Gottes Ja zur Ehe und Gottes Ja zu Menschen, die allein sind.

Als Frau in der Kirche

Ich war mehr als 38 Jahre im kirchlichen Dienst. In diesen 38 Jahren hat sich vieles verändert. In unseren Anfängen wurden wir Frauen sehr kritisch betrachtet. Im Studium standen wir unter dem Verdacht, wir wollten uns einen Mann angeln. Als wir mit dem Studium fertig waren, wurden wir wie die männlichen Kollegen mit einer Fülle von Aufgaben überhäuft. Es ging uns, wie es allen Frauen geht, die einen Beruf »ergreifen«, der seither den Männern vorbehalten war. Wir mußten uns in einem Maß beweisen, das dazu angetan war, alle Fähigkeiten hervorzulocken. Aber wir wurden auch überfordert, und wir überforderten uns selbst. Zum äußeren Druck der Pflichten kamen innere Zwänge: du mußt es schaffen, du mußt beweisen, daß du es genauso gut kannst wie die Männer. Ich denke heute: die Anstrengung hat mir persönlich nicht geschadet. Aber ich habe lange gebraucht, bis ich merkte, wie verkrampft ich beweisen wollte, daß wir Frauen kein Unglück für die Kirche seien, sondern ein Gewinn. Ich hatte Kollegen, die mich predigen ließen zu einer Zeit, in der das von der Zustimmung des Kirchengemeinderats abhängig war. Er stimmte zu, aber der Kollege bekam eine Rüge, weil er dem zuständigen Prälaten nur am Telefon davon Mitteilung gemacht hatte. Als ich ständig wurde, wollte der Kirchengemeinderat in meinen Dienstauftrag einen regelmäßigen Predigtauftrag aufnehmen. Weil aber der Dekan dagegen war, gab es laut Bescheid des Oberkirchenrats »keinen Bedarf«. Wenn ich heute daran denke, kommt es mir vor, als sei das in einem anderen Leben gewesen.

Ich habe in sieben Jahren Ausland auch erfahren, wie es ist, wenn man sich als Frau in einem anderen Land in einer leitenden Position durchsetzen muß. Ich war fremd, hatte keinen Namen mehr, fing ganz von vorne an, mir Vertrauen zu erwerben. Das war vor allem deshalb schwierig, weil ich so ganz und gar nicht der Rolle entsprach, die man gewohnt war und von mir erwartete. Es hat mir nicht geschadet, so ganz auf mich gestellt zu sein. Ich habe gute Freunde gewonnen. Freilich habe ich auch erfahren, wie lähmend Mißtrauen sein kann – das Mißtrauen, dem man als Fremder begegnet, und das Mißtrauen, das das Fremde in einem selbst weckt. – Zum guten Glück habe ich erst bei meinem Abschied erfahren, mit welchen Vorbehalten man der ersten Pfarrerin zunächst entgegensah in der Gemeinde, in der ich dann anschließend sieben Jahre Pfarrerin war. Ich habe davon nie etwas zu spüren bekommen. Ich habe viel gelernt, viel ausprobiert – ich hatte ja als erste

Pfarrerin im Ort Narrenfreiheit. Die Kollegen haben mich nicht nur ertragen (was gar nicht immer so einfach für sie war!), sondern wirklich angenommen. Die intensivste Lehrzeit waren die neun Jahre im Krankenhauspfarramt. Kinder wurden meine Lehrmeister, sterbende Kinder. Auch von mohammedanischen Kindern habe ich gelernt. Kurz vor ihrem Tod sagte die zwölfjährige Mrsada, die mir durch ihr liebevolles, offenes, zugewandtes Wesen von Anfang an einen großen Einstuck gemacht hat: »Was ist so schlimm, wenn ich sterben muß? Ich habe zwölf schöne Jahre gelebt.« Ich bin inzwischen mehr als fünfmal so alt wie sie. Aber wenn ich am Ende meiner Tage sagen kann: »Lieber Gott, ich danke dir für die gute Zeit, die du mir geschenkt hast« – dann will ich mich glücklich preisen.

Nun sind alte Menschen meine Lehrmeister geworden: in der Einübung ins Altwerden, im Loslassen, im Bilanz ziehen, im Erinnern und im Ausschau halten nach dem, was bleibt und über die letzte Schwelle trägt.

Ich bin gerne Frau

Es gab Augenblicke, in denen ich dachte: Als Mann hättest du es jetzt leichter. Ich habe gelegentlich den Mann beneidet, weil ich dachte, er hat es leichter. Aber es hatte auch immer einen Reiz, daß ich mich als Frau durchsetzen mußte. Ich mußte dabei erproben, wieviel Kraft in mir selber steckt. Ich habe Ich-Stärke gewonnen. Sie hat mir geholfen, auch Zurückhaltung, Zurückweisung, Kränkung zu ertragen.

Ich habe noch heute das Gefühl, daß ich viel leisten muß, um anerkannt zu werden – mehr als der Mann vielleicht. Ich habe es daher immer noch schwer, mir selber Versagen und schlechte Leistungen, Schwäche und Unzulänglichkeit zuzugestehen, aber ich lerne es – langsam!

Ich bin gerne Frau. Gott ist für mich der Schöpfer von Mann und Frau. Ich fühle mich ihm nicht ferner als der Mann. Ich glaube, daß er mich in Jesus genauso angenommen hat wie den Mann. Ich glaube auch, daß er Mann und Frau leitet durch seinen Geist, und kann nicht glauben, daß er seinen Geist dem Mann vorbehalten hat. Das ist der theologische Grund meiner Ich-Stärke. Ich halte es für nötig, die Ich-Stärke der Frau zu fördern. Ein ich-starker Mensch kann sich hingeben und kann dienen, ohne sich dabei gedemütigt zu fühlen oder minderwertig oder ausgenützt vorzukommen. Er fühlt sich frei und nicht unter Zwang. Wir haben in der Vergangenheit wahrscheinlich oft den Fehler gemacht, daß wir ich-schwache Menschen zum Dienen anhielten. Wir boten ihnen den Dienst an, damit sie sich mit Hilfe des Dienstes selbst aufwerteten. In meinem Neuen Testament beobachte ich etwas anderes: da werden die zum Dienen ermahnt, die oben sind, nicht die, die ohnehin schon unten sind. Wer oben ist, bückt sich aus freien Stücken; er wird nicht durch seine Situation dazu gezwungen. Er hat die Wahl. Der, der ohnehin niedriger ist, hat keine Wahl; er wird durch den Dienst erniedrigt.

Wie gehen wir miteinander um?

Unser mitmenschlicher Umgang hat sich versachlicht. Ich empfinde es als gut, daß wir allmählich lernen, wieder darauf zu achten, was in unseren Gefühlen vor sich geht. Ich finde es auch gut, wenn wir diese Gefühle gelegentlich äußern. Es könnte uns zu mehr Ehrlichkeit im Umgang miteinander helfen. Die Sachlichkeit würde nicht verschwinden, sondern zunehmen in dem Maß, in dem wir einander und uns selbst wahrnehmen. Konflikte würden nicht verdrängt und abgewürgt, sondern könnten ausgetragen werden. Wir haben Schwierigkeiten, mit unseren negativen

Gefühlen, mit unseren Aggressionen umzugehen. Wir versachlichen sie oder wenden sie nach innen. Persönliche Differenzen werden plötzlich zu theologischen Grundsatzdebatten. Warum können wir nicht ehrlich zugeben, daß wir Schwierigkeiten miteinander haben und warum?

Ich erfahre die früher als spezifisch männlich gepriesenen Tugenden der Ritterlichkeit und Rücksichtnahme als wohltuend, besonders wenn sie mit Einfühlung und Verständnis gekoppelt sind. Ich möchte aber auch Widerstand erleben. Ich möchte, daß der Mann von mir etwas erwartet und daß er neugierig ist, wie ich als Frau Situationen sehe, erlebe und wie ich die Dinge anpacke. Ich meine, daß wir im Umgang miteinander stärker auf das achten sollten, was in uns selbst vorgeht, auf Ängste, auf Erwartungen, auf Wünsche. Das könnte uns zu einem stärkeren Bewußtsein unserer Verschiedenheit helfen und zu einer größeren Toleranz und zu größerer Belastungsfähigkeit in Konflikten.

Rivalitätsgefühle

Ich habe im Zusammenleben und in der Zusammenarbeit mit Kollegen in mir selbst Rivalitätsgefühle entdeckt. Die hatten zur Folge, daß ich meinte, um meinen Raum, meine Position, meine Anerkennung kämpfen zu müssen. Ich geriet in Gefahr, den andern ausstechen oder überflügeln oder an die Wand spielen zu wollen. Ich kann es wohl nicht vermeiden, daß solche Gefühle in mir sind; aber ich möchte es immer mehr lernen, so mit ihnen umzugehen, daß ich die Achtung vor dem andern und die kollegiale Solidarität nicht verletze.

Im Miteinander von Mann und Frau sind erotische Gefühle und Konkurrenzgefühle oder Konkurrenzängste unausbleiblich. Es ist wenig sinnvoll, solche Gefühle zu verteufeln. Wir lernen nur dann, mit ihnen umzugehen,

wenn wir sie wahrnehmen und wahrhaben. Bewältigen
können wir sie, wenn wir einander zugestehen, daß wir
verschiedene Gaben, verschiedene Funktionen haben und
daß wir alle miteinander zu dem einen Leib Christi gehören.

Das eigene Maß

Viele Jahre hindurch habe ich mich, ohne es mir bewußt zu
machen, ständig am Mann gemessen. Ich wollte meine Sache so gut machen wie ein Mann oder noch ein bißchen
besser. Ich trainierte meine »männlichen« Komponenten,
vor allem meine intellektuellen Fähigkeiten. Ich wollte
mitreden, theologisch argumentieren. Ich meinte, ich
würde um so mehr ernst genommen, je besser mir das ge-
länge. Inzwischen habe ich gelernt, daß ich mich nicht am
Mann messen kann, weil ich keiner bin. Ich kann und muß
mich nur an den mir gegebenen Fähigkeiten und Möglichkeiten messen. Je besser es mir gelingt, meine Möglichkeiten und Fähigkeiten einzusetzen, um so glaubwürdiger bin
ich, um so selbstverständlicher werde ich angenommen.
Ich kann auch um so gelassener sein, kann in mir selbst ruhen, kann ausgeglichen sein und ausgleichen. Um so neu-
gieriger, offener und kreativer kann ich auch mit mir selbst
umgehen. Ich empfinde mein persönliches Frausein als
eine Gabe, mit der ich andern dienlich sein kann. In Beziehung aufs Pfarramt empfinde ich mein Frausein als eine besondere Chance. Das Pfarramt der Frau hat noch keine
jahrhundertelange Tradition. Als Frau empfinde ich eine
besondere Freiheit, dieses Amt persönlich zu gestalten.
Wahrscheinlich müßten wir Frauen im Pfarramt uns noch
viel mehr überlegen, ob wir nicht dazu helfen könnten, dieses Amt mit seiner Überforderung neu zu strukturieren.
Das Evangelium gibt uns die Freiheit, die zu sein, die wir

sind. Wir dürfen uns gegenseitig Mut machen zu uns selber. Es ist unsinnig, vom Mann zu erwarten, daß er sei wie wir Frauen. Genauso unsinnig ist es, wenn wir selbst von uns erwarten, daß wir seien wie der Mann; es ist unsinnig, wenn der Mann das von uns erwartet. Wir sind nicht erst etwas, wenn wir etwas aus uns gemacht haben – vor allem nicht dann, wenn wir aus uns etwas zu machen versuchen, was außerhalb unserer Möglichkeiten liegt.

Ich halte Verallgemeinerungen für verhängnisvoll. Das Reizvolle am Menschen ist seine Individualität. Jeder ist einmalig und unverwechselbar. Aber unsere Individualität ist uns nicht nur für uns selbst gegeben. Sie ist uns gegeben als Gabe, die wir einbringen in die Gemeinschaft des Leibes Christi.

Frauen nach vorn

Ich bin froh, daß in den Gremien der Kirche die Frau immer mehr Raum gewinnt. Ich habe den Eindruck, daß das dem Verhandlungsklima, der Atmosphäre und dem Verhandlungsstil gut tut. Außerdem halte ich die Stimme der Frau für wichtig. Was ich mir wünschen würde? Daß auch in den höheren leitenden Gremien die Zahl der Frauen zunehmen würde. Was ich mir außerdem wünschen würde, wäre, daß Frauen auch zunehmend leitende Positionen übernehmen können. Ich halte es für nötig, Frauen zu ermutigen zur aktiven Wahrnehmung von Verantwortung. Ich meine, wir sollten das Qualitätsgefühl und Wertgefühl von Frauen nicht dämpfen, sondern fördern und stützen. Vor allem müßten wir Frauen dabei Neid und Rivalitätsgefühle gegenüber Frauen in uns bekämpfen und mehr Solidarität untereinander entwickeln. Wir können nicht von Männern erwarten, was wir uns gegenseitig verweigern.

Emanzipation

Für mich ist Emanzipation kein Selbstzweck. Gewiß dient Ichfindung dazu, daß wir für uns allein sein können. Aber wir leben nicht nur für uns und mit uns allein. Wir leben im Miteinander und in der Partnerschaft mit Männern. Je mehr wir Ich sind und je weniger Angst wir um unser Ich haben, um so besser gelingt uns diese Partnerschaft. Ich hoffe, daß das Ziel und das Ergebnis der Emanzipation geglücktere Partnerschaft sein wird.

Wir alle leben vom göttlichen Du und im Gegenüber zum göttlichen Du. Dieses Gegenüber gibt uns die Möglichkeit und den Mut, unser Ich zu finden. Unser Ich verwirklicht sich im Wir. Im Wir einer Zweierbeziehung, einer Gruppe, im Wir der Gemeinde.

Geben und Nehmen
zur rechten Zeit

»Eine Martha wäre uns lieber!« (Lukas 10, 38-42)

Martha – Maria – zwei Frauen, zwei Frauentypen, nein
zwei Menschentypen, in denen wir uns selbst wiederfin-
den, mit denen wir verglichen werden. Zwei Schwestern,
die gegeneinander ausgespielt werden, wie das Geschwistern so oft widerfährt. Und wie immer liegt darin auch ein
Werturteil: Du mußt sein wie Maria; hüte dich davor, eine
Martha zu sein. Oder: es ist schon recht, daß du eine Mar-
tha-Natur hast, eine Maria wäre uns gar nicht so sehr erwünscht. Als ob nicht jeder Mensch mit seinem Naturell
wertvoll wäre und als ob nicht in jeder Menschennatur
auch Gefahren steckten. Als ob nicht jeder Mensch in Gefahr geraten könnte, seine Chance zu verpassen. Und als ob
nicht in jedem Fall Gnade mit im Spiel wäre, wenn einer
seine Chance bewußt oder unbewußt wahrnimmt. Und ist
es nicht letztlich unserem Urteilsvermögen entnommen,
wann das eine und wann das andere geschieht? In der Geschichte von Maria und Martha urteilt Jesus darüber. Auch
über unser Naturell und über unsere Fähigkeit oder Unfähigkeit, die Stunde zu ergreifen, in der er uns begegnet, urteilt er allein.

Geben hat Vorrang

Ich will versuchen, den beiden Menschen Maria und Martha gerecht zu werden. Ich denke, auch Männer können
sich in ihnen wiedererkennen. Martha ist Herrin im Haus.

Von früh bis spät ist sie auf den Beinen. Immer finden ihre geschäftigen Hände etwas zu tun. Immer erspähen ihre klugen und wachen Augen irgendwo einen Schaden oder einen Mangel. Sie ist umsichtig und sie kann organisieren. Das Haus ist bei ihr in guten Händen. Und auch die Menschen sind bei ihr gut aufgehoben, auch wenn sie sie vielleicht manchmal herumkommandiert. Gäste sind ihr willkommen und immer gern gesehen. Sie bringen ein Stück Welt und Leben ins Haus, und sie nehmen eine gute Erinnerung an die gastliche Aufnahme in Marthas Haus mit. Martha ist sich bewußt, daß ihr Haus einen guten Ruf hat. Auch sie selbst steht in gutem Ruf. Sie ist darauf bedacht, sich beides zu erhalten. Sie arbeitet gern. Sie lebt gern. In ihrer Nähe ist es einem wohl. Es mag wohl sein, daß sie mit ihrer Tüchtigkeit und Aktivität gelegentlich etwas Bedrückendes hat.

Ein Mensch unter Zwang

In unserer Geschichte ärgert sich Martha über ihre Schwester Maria. Ich kann ihr das nachfühlen. Maria tut etwas, was sie vielleicht auch gern täte. Aber sie gestattet es sich nicht. Hand aufs Herz, ärgern wir uns nie über Menschen, die mehr Freiheit haben als wir? Sie gönnen sich das, was für sie gerade wichtig ist. Sie achten mehr auf sich und ihre Bedürfnisse, als wir es uns gestatten. Mich wurmt das! Ich finde es gut, daß Martha ihren Unmut äußert und ihn nicht in sich selbst verschließt. Sie steht zu sich und zu ihrem Ärger. Die Kehrseite ist, daß sie mit ihrem Ärger Maria bloßstellt und verletzt, denn sie bringt ihn nicht direkt an, sondern indirekt. Sie ruft die Autorität Jesu an, um mit ihrem Ärger über Maria recht zu bekommen. Das gefällt mir nicht an Martha. Gefällt es mir auch nicht, wenn ich solche Züge bei mir selber entdecke? Will ich nicht auch andern meine Maßstäbe aufzwingen? Meine ich nicht auch oft, ich wüßte, was für den andern gut und richtig ist? Dennoch, Martha imponiert mir. Auch, daß sie es wagt, ihre Gefühle zu äußern, gefällt mir. Sie tut es nur an der falschen Stelle. Ich empfinde Martha in dieser Situation als einen Menschen unter Zwang. Das tut mir leid.

Maria – ein Mensch, der aus der Rolle fällt

Maria fällt aus der Rolle, die Familie, Gesellschaft und Religion ihr zudiktieren. Sie verhält sich so, wie sich Rabbinenschüler verhalten. Sie nimmt für sich in Anspruch, was den Männern vorbehalten war. Sie sprengt die religiösen Fesseln und durchbricht die Schranken der Sitte. Sie erkennt ihre einmalige Chance und nützt sie. Sie steht zu ihren Bedürfnissen. Es ist ihr Bedürfnis, Jesus zuzuhören. Was er sagt, hat mit ihr und ihrem Leben, mit ihr und ihrem Verlangen nach Sinn zu tun. Ob sie ihre Chance bewußt oder selbstvergessen nützt, kann ich nicht entscheiden. Jedenfalls handelt sie ganz spontan. Sie nimmt sich Zeit für Jesus. Sie enthält ihrer Schwester diese Zeit vor und nimmt sie sich, um Jesus zuzuhören. Denn er öffnet ihr eine Möglichkeit, die ihr sonst nirgends geboten ist: die Möglichkeit des Empfangens.

Die Freiheit, zu nehmen

Während Martha ihre Möglichkeit zu geben nützt, gebraucht Maria die Möglichkeit zu nehmen. Was empfängt sie denn? Worte. Worte, an die sie sich halten kann. Worte, die ihr helfen, Gott zu verstehen. Worte, die ihr sagen, daß sie ein Kind Gottes ist. Worte, die ihr die Freiheit geben, anders zu sein als ihre Schwester und doch im Entscheidenden gleich. Beide, Maria und Martha sind von Gott geliebt.

Maria empfängt sich selbst ganz neu. Sie empfängt ihr Heil aus Jesu Mund. Das ist eine einmalige Gelegenheit. Sie muß sie nützen. Wer kann wissen, ob Jesus je wiederkommt? Aus dem Empfangen heraus kann Maria dann auch das wieder anders tun, was der jeweilige Augenblick von ihr fordert.

Auch Marthas Stunde wird kommen

Wie aber verhält sich Jesus? Stimmt es, daß er Maria lobt und Martha tadelt? Er stellt sich schützend vor Maria. Gibt er damit nicht die Verletzung, die Martha der Schwester zugefügt hat, wieder zurück? Kommt es nicht einfach zu einem Schlagabtausch? Ich höre aus seinem Wort an Martha auch Anerkennung. Er sieht, wie Martha sich abrackert. Es schmeckt ja auch, was sie ihren Gästen vorsetzt. Und Jesus ist kein Kostverächter. Vor allem aber höre ich aus Jesu Wort an Martha die Einladung, das zu tun, was not ist. Auch Martha ist aufs Empfangen angewiesen. Auch Marthas Stunde kam. Als Jesus ihren Bruder Lazarus erweckte, da ist sie es, die ein volles Bekenntnis zu Jesus ablegt.

Erkennen, was an der Zeit ist

Ein Spiegel wird uns vorgehalten. Auch wir sollen das eine, was not ist, ergreifen. Das hängt mit dem Augenblick zusammen. Ihn erkennen ist göttliche Gnade. Die soll keinem genommen werden, den sie ergriffen hat. Gespräche sind oft wichtiger als essen. Aber einen Hungrigen darf ich nicht mit Worten abspeisen. Nur wer empfängt, kann geben. Aber wer das Empfangene dem andern vorenthält, wird schuldig. In der Begegnung mit Jesus kehren sich Rollen um. Der Schwache wird durch ihn stark und hat dem

104

Starken etwas zu geben. Und der Starke erkennt durch ihn seine Schwäche und kann sich so mit dem beschenken lassen, was ihm fehlt. Einmal ehren wir Gott, indem wir uns von ihm dienen lassen. Ein andermal ehren wir ihn, indem wir uns einsetzen. Aber er allein ist es, der uns rechtfertigt, die Maria und die Martha und die, die ihnen gleichen. Und während der eine seine Stunde hat, muß der andere vielleicht noch darauf warten.

DIE AUTORIN

Maria Hermann, 1925 in Schlat/Württemberg geboren,
gehört zu einer Generation von Frauen, für die es alles andere als selbstverständlich war, daß sie einmal ein Pfarramt
bekleiden würden. Sie wuchs mit vier Geschwistern in einem Pfarrhaus auf. Der Vater wurde während des Dritten
Reiches seines Amtes enthoben. Nach Abitur und kurzem
Schuldienst studierte sie Theologie bis 1950 in Tübingen
und war Vikarin in Ludwigsburg und Göppingen. Danach
Tätigkeit in einer Aus- und Fortbildungsstätte der Kirche
in Denkendorf als theologische Mitarbeiterin (1959-1965)
und bei der Leitung der Frauenschule für kirchlichen und
sozialen Dienst in Wien (1965-1972). Daß eine Frau ein
Gemeindepfarramt voll ausfüllen kann, bewies sie an der
Ulmer Pauluskirche. Von Oktober 1979 bis 1988 Klinik-
pfarrerin; seitdem im Ruhestand.

Helmuth Beutel/Daniela Tausch (Hg.)

Sterben – eine Zeit des Lebens

Ein Handbuch der Hospizbewegung
216 Seiten. Kartoniert

Wir fürchten den Tod. Das macht die Sterbenden unter uns
einsam. Dem will die Hospizbewegung entgegenwirken.
Sie zeigt Wege, wie wir unsere eigene Sterblichkeit akzep-
tieren und Sterbende begleiten können. Sie gibt Hilfen für
den Umgang und schafft mit dem Hospiz den Ort für ein
humanes, begleitendes Sterben schwerkranker Menschen
jeden Alters.

In diesem Taschenbuch berichten Ärzte, Psychologen und
Laienhelfer, die sich in der Hospizbewegung engagieren.
Sie gehen aus vom Stuttgarter Modell, das Helmuth Beu-
tel und Daniela Tausch betreuen, und beschreiben darüber
hinaus andere Modelle, die bisher in der Bundesrepublik
entstanden sind. Ganz wesentlich sind ihnen ihre eigenen
Erfahrungen in der Beziehung zu sterbenden Menschen.
Das Handbuch nennt Lebensmöglichkeiten in der Nähe des
Todes, befaßt sich mit Schmerzlinderung und Sterbehilfe,
gibt Angehörigen Hilfe und ist ein Aufruf an die Mitmenschen.